Conception des jeux : Daniel Picon

34-36, rue La Pérouse
75116 Paris
www.hugopublishing.fr

ISBN : 9782755668803
Dépôt légal : octobre 2023
Imprimé en Chine

Voici une nouvelle année qui commence !
Et pour que tous les jours de cette année 2023 soient réussis, nous vous avons concocté une énigme par jour. Vous trouverez : des jeux de mots, de chiffres, des jeux visuels, des additions insolites, des intrus, des bizarreries orthographiques, des rébus, des questions de culture générale, des jeux de cartes incomplets, des anagrammes… Des énigmes ludiques que vous résoudrez plus ou moins facilement, mais toujours avec plaisir.

Rassemblez vos talents : perspicacité, imagination, flair, mémoire et bien sûr votre humour, et jouez ! Ces énigmes quotidiennes vous donneront, une fois résolues, la satisfaction de la réussite et le moral du vainqueur !

N'hésitez pas à faire « plancher » votre entourage, même les plus jeunes, sur ces jeux ludiques et formateurs...

Un dernier conseil : ne regardez pas la solution au dos sans vous être un peu creusé la cervelle, jouez le jeu !

Bonne année et amusez-vous bien !

Retour de marché

Retrouvez les légumes et fruits dans cette grille.

Attention aux mots qui n'ont rien à faire là!

C	H	T	E	V	A	N	E	T	E	R	C
E	E	I	D	G	I	N	O	N	G	O	P
L	M	P	A	P	R	I	S	O	N	C	U
E	M	E	L	O	N	U	Y	U	A	R	E
R	O	C	A	M	E	A	O	C	R	A	N
I	C	H	S	M	V	H	E	C	O	D	P
E	A	E	I	E	C	D	S	I	W	I	K
L	R	M	R	F	R	A	I	S	E	S	S
L	O	E	P	I	S	T	O	U	R	P	A
I	T	T	T	E	S	T	B	O	L	P	N
T	T	T	F	E	V	E	M	Z	O	O	A
N	E	E	O	T	I	R	A	I	S	I	N
E	L	L	I	E	S	O	R	G	E	S	A
L	I	B	S	O	U	E	F	I	G	U	E

1er

JANVIER

8h44 17h04

Jour de l'an

C		T	E	V	A	N			E		
E			D	G					G		
L		P	A	P	R	I	S	O	N		
E	M	E	L	O	N	U	Y	U	A	R	
R		C	A	M		A	O		R	A	
I	C	H	S	M	V	H	E	C	O	D	
E	A	E		E	C	D	S	I	W	I	K
L	R		R	F	R	A	I	S	E	S	S
L	O	E		I		T	O				A
I	T	T			S	T	B			P	N
T	T	T	F	E	V	E	M		O	O	A
N	E	E				R	A	I	S	I	N
E	L	L	I	E	S	O	R	G		S	A
L		B				E	F	I	G	U	E

Les règles sont les mêmes que pour le **sudoku**.

Remplissez la grille sachant que la même couleur ne peut être présente qu'une seule fois dans chaque ligne, chaque colonne et forme de 6 carreaux.

2

JANVIER

8 h 44 17 h 05

St Basile

En regard de chaque mot il y a un **chiffre** qui indique le nombre de lettres qui occupent la même place dans le mot à découvrir.

S	E	V	E	R	E	0
T	R	I	E	E	S	2
G	A	R	C	O	N	2
P	O	I	S	S	E	3
S	O	U	P	E	S	0
R	A	I	S	I	N	3
T	A	N	C	H	E	0
G	A	U	S	S	E	1
T	E	M	P	O	S	1

3
JANVIER

8 h 44 17 h 06

Ste Geneviève

PRISON

Trouvez au moins **30 mots** dont les lettres se suivent dans le même ordre que dans le mot ci-dessous.
(3 lettres minimum)

BIMETALLIQUE

4

JANVIER

8 h 44 17 h 07

St Odilon

BILE - BILLE - MÉTAL -
MÉTALLIQUE - BIQUE - BITE - BEAU -
BÊTA - BELLE - BÊTE - BAL - BALLE -
MET - MÊLE - LUE - ÉLUE - ÉTAL -
ÉTALE - ELLE - ÎLE - BIELLE - MÂLE -
MAL - MALLE - ALE - AIE - MAIE -
BAIE - TAIE - ALI - ALLIÉ - ALU -
MIE - BEL - TIQUE - TALQUÉ -
BLÉ - MELLE

Trouvez l'expression qui se cache

dans ce dingbat.

PORTE
CLÉ

5

JANVIER

☀ 8 h 44 ☀ 17 h 09

St Édouard

Mettre la clé
sous la porte.

Partagez ce carré en quatre zones égales

avec le même assortiment d'étoiles.

6
JANVIER

8 h 44 17 h 10

Épiphanie • Ste Mélaine

de chaque carré en fonction
du chiffre indiqué dans le carré.

1	1	2	3	2	0
3	1	1	2	1	1
3	3	2	2	2	2
2	2	3	4	3	1
2	0	1	3	3	2
2	1	2	2	2	3

7

JANVIER

8 h 43 17 h 11

St Raymond

1 1 2 3 2 0
3 1 1 2 1 1
3 3 2 2 2 2
2 2 3 4 3 1
2 0 1 3 3 2
2 1 2 2 2 3

Comment remplir logiquement **le dernier carré?**

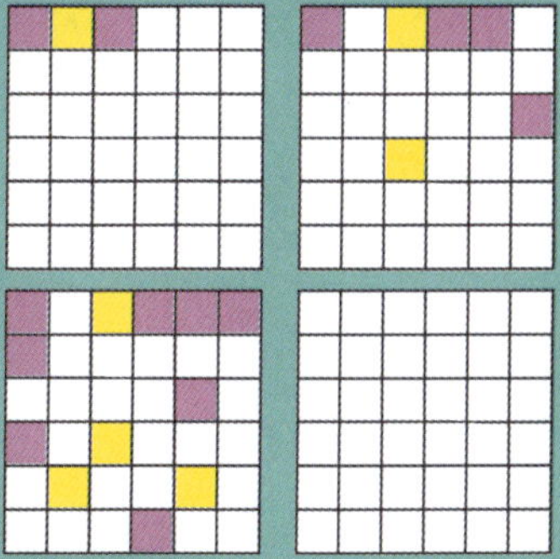

8

JANVIER

☀ 8 h 43 ☀ 17 h 12

St Lucien

Le remplissage est
aléatoire.
En revanche, les carrés
de couleur doublent à
chaque étape,
donc il faut
16 violets et 8 jaunes.

Quel **mot** se cache dans ce dingbat?

AC AC AC
AC AC AC
AC

9
JANVIER

8 h 43 17 h 13

Ste Alix

CÉTACÉ
ou c'est assez!
7 AC

Décryptez ce
message.

LEAAsDIIeUX
FOIINTUULA
PANNIRSSe

10

JANVIER

8h42 17h15

St Guillaume

En supprimant
les lettres
doublées
on trouve :

LES DEUX
FONT LA
PAIRE.

Où doivent se placer les **points noirs** dans les 2 ronds vides?

11

JANVIER

8 h 42 17 h 16

St Paulin

Passez de **VOLT** à **TOIT** en modifiant une lettre par ligne.

V	O	L	T
T	O	I	T

12

JANVIER

☀ 8 h 41 ☀ 17 h 17

Ste Tatiana

VOLT
COLT
COÛT
TOUT
TOIT

Le MACHU PICCHU

est une ancienne cité:

- INCA
- AZTÈQUE
- OLMÈQUE
- MAYA
- TOLTÈQUE

13

JANVIER

8 h 41 17 h 19

Ste Yvette

Cité INCA au Pérou

Remplacez chaque lettre par un chiffre,

et cette addition sera toujours exacte.

14

JANVIER

8 h 40 17 h 20

Ste Nina

$$\begin{array}{r} 3521 \\ +\ 3521 \\ +\ \quad 26 \\ \hline 7068 \end{array}$$

Si l'on tire sur les deux extrémités, **le nœud va-t-il se serrer?**

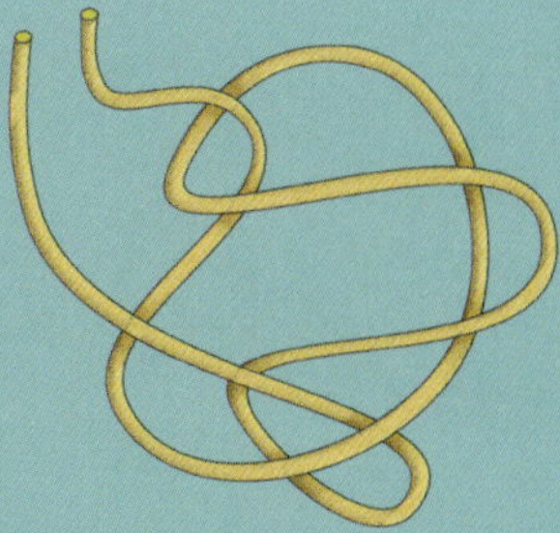

15

JANVIER

8 h 39 17 h 21

St Rémi

Non

Trouvez le mot caché dans ce dingbat.

CON

16

JANVIER

8 h 39 17 h 23

St Marcel

CONCERNÉ

Qui est la belle-mère de l'épouse du frère de Jules?

17

JANVIER

☀ 8 h 38 ☀ 17 h 24

Ste Roseline

La mère de Jules

Retrouvez

les **deux colonnes identiques.**

18

JANVIER

☀ 8 h 37 ☀ 17 h 26

Ste Prisca

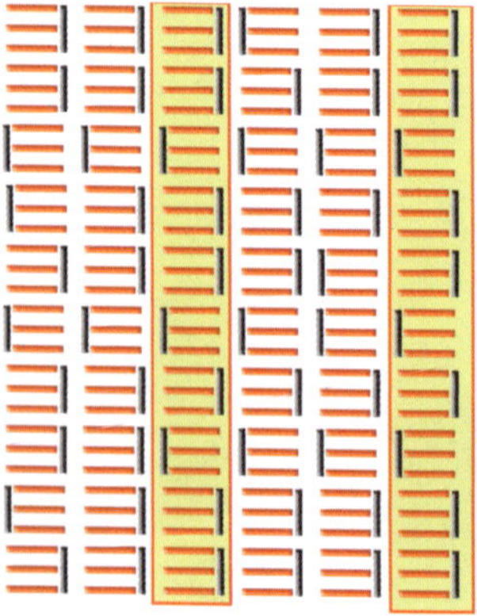

Connaissez-vous ces **célèbres chiens?**

19
JANVIER

☀ 8 h 36 ☀ 17 h 27

St Marius

KADOR - GAI-LURON
MILOU
BILL - CUBITUS
RANTANPLAN
IDÉFIX - PLUTO
DROOPY - SNOOPY

Sur le modèle :

CHARRUE

RUSÉ

ZÉBU

BUREAU

ROTER

Reliez en trois mots **ENFANT** à **SARDINE**.

20

JANVIER

8 h 35 — 17 h 29

St Sébastien

ENFANT
FANFARE
FARDEAU
DOSSARD
SARDINE

HOMOPHONES

Retrouvez les mots
qui se prononcent
de la même façon.

Petite main - Bracelet

Peu - Conflit

Grande anse - Jeu à trou

21
JANVIER

8 h 34 17 h 30

Ste Agnès

Menotte
Guère - Guerre
Golfe - Golf

Rangez ces pays
de la plus grande à la plus petite superficie.

CHINE
ÉTATS-UNIS
BRÉSIL
CANADA
RUSSIE

22

JANVIER

8 h 33 17 h 32

St Vincent

Dans l'ordre décroissant:

RUSSIE
CANADA
ÉTATS-UNIS
CHINE
BRÉSIL

Remplacez les boules par des chiffres pour résoudre cette addition.

Une même couleur représente un même chiffre.

3 0 0 0

23

JANVIER

8 h 32 17 h 33

St Barnard

$$\begin{array}{r} 974 \\ 974 \\ 974 \\ 74 \\ 4 \\ \hline 3000 \end{array}$$

Complétez la grille

à l'aide des définitions, sachant qu'une seule lettre est enlevée à la ligne précédente.

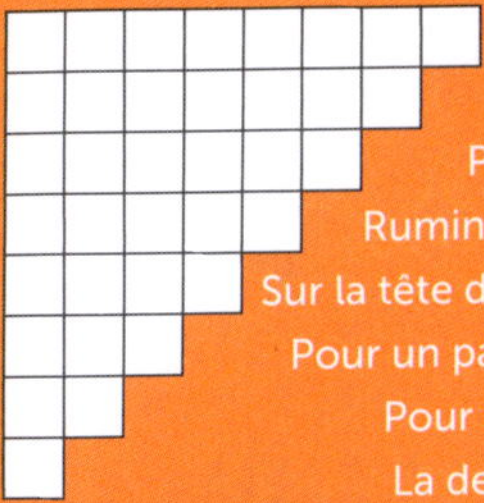

Têtue
Thons
Petit pipi
Ruminant futé
Sur la tête des cerfs
Pour un pain brun
Pour doubler
La deuxième

24
JANVIER

☀ 8 h 31 ☀ 17 h 35

St François de Sales

O	B	S	T	I	N	É	E
B	O	N	I	T	E	S	
B	E	S	O	I	N		
B	I	S	O	N			
B	O	I	S				
B	I	S					
B	I						
B							

Parcourez ce circuit en passant dans tous les carrés une seule fois et retournez au point de départ.

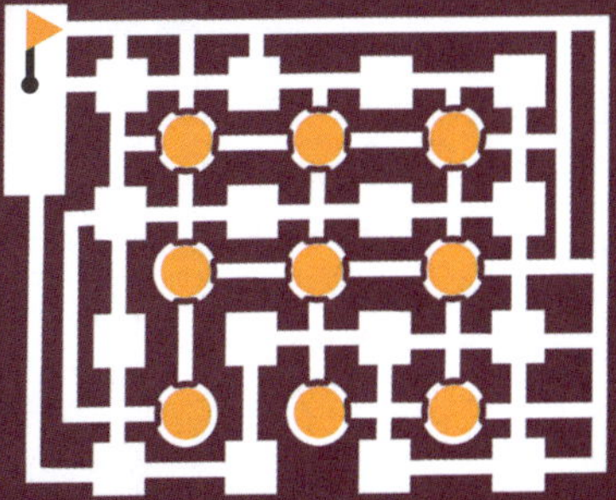

25

JANVIER

8 h 30 17 h 36

Conversion de St Paul

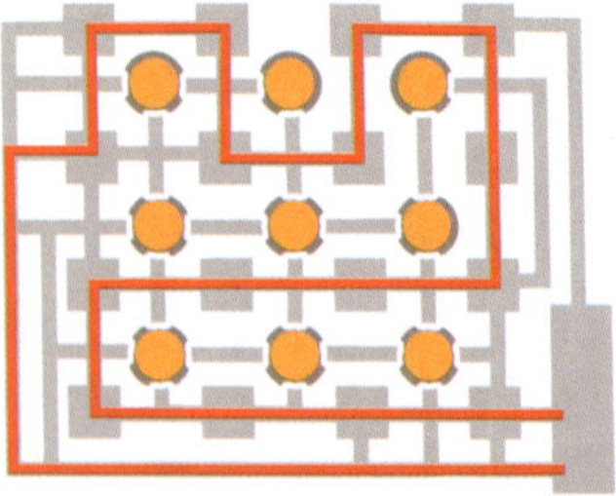

Quel **chiffre**

Permet cette curiosité ?

◯ + ◯ = ◯ x ◯

26

JANVIER

8 h 29 17 h 38

Ste Paule, Ste Pauline

$$2 + 2 = 2 \times 2$$

Placez des chiffres tous différents, pour obtenir 21 aux centres.

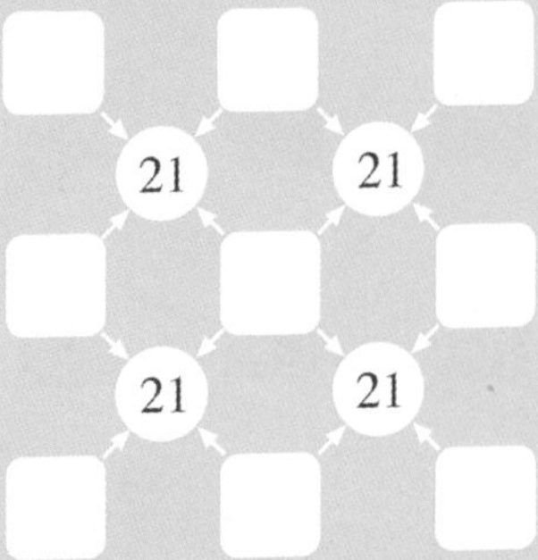

27

JANVIER

8 h 28 · 17 h 40

Ste Angèle

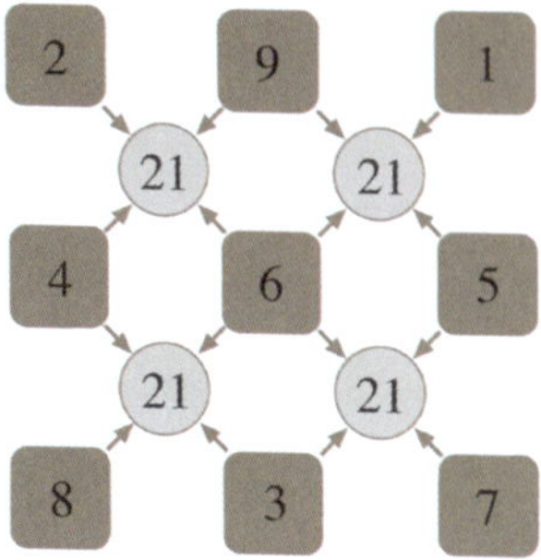
2
9
1
21
21
4
6
5
21
21
8
3
7

Placez des chiffres tous différents, pour obtenir 45 verticalement et horizontalement.

28
JANVIER

8 h 27 17 h 41

St Thomas d'Aquin

Exemple
de solution :

$$
\begin{array}{rcrcl}
15 & + & 30 & = & 45 \\
+\ 5 & + & 40 & = & 45 \\
\underline{+\ 25} & + & 20 & = & 45 \\
45 & & & &
\end{array}
$$

En ne changeant qu'une seule lettre de

PIEU,

trouvez 4 autres mots.

29

JANVIER

8 h 25 17 h 43

St Gildas

PNEU
DIEU
LIEU
PIED

Trouvez le **mot** qui se **cache** dans ce dingbat.

30

JANVIER

☀ 8 h 24 ☀ 17 h 44

Ste Martine

Des expatriés

Des EX pas triés

Les règles sont les mêmes que pour le **sudoku**.

			A		G		e	b
	b			u	l	:		
A		u		b			<	
l			t			A		G
			:		A			
G		<			u			:
	:			A		t		<
		A	G	<			:	
<	t		u		b			

31
JANVIER

☀ 8 h 23 ☀ 17 h 46

Ste Marcelle

:	<	I	A	t	G	u	e	b
e	b	t	<	u	I	:	G	A
A	G	u	e	b	:	I	<	t
I	u	:	t	e	<	A	b	G
t	e	b	:	G	A	<	I	u
G	A	<	b	I	u	e	t	:
b	:	G	I	A	e	t	u	<
u	I	A	G	<	t	b	:	e
<	t	e	u	:	b	G	A	I

Placez des nombres tous différents, pour obtenir 30 verticalement et horizontalement.

1er

FÉVRIER

☀ 8 h 21 ☀ 17 h 48

Ste Ella

$$5 \times 6 = 30$$
$$+\ 10 \times 3 = 30$$
$$+\ 15 \times 2 = 30$$

$$\overline{30}$$

Retrouvez la **valeur** de chaque pièce.

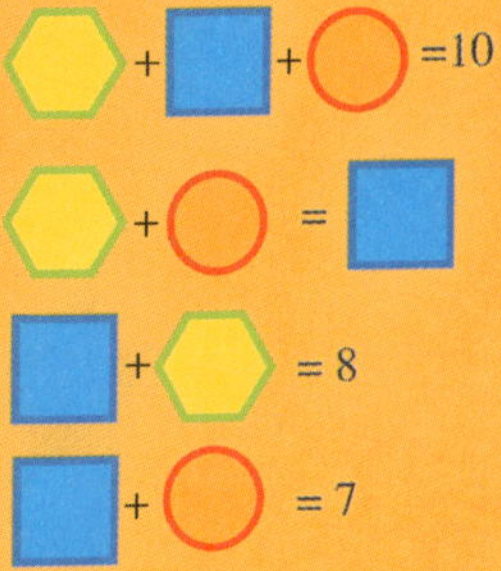

2

FÉVRIER

☀ 8 h 20 ☀ 17 h 49

Présentation du Seigneur

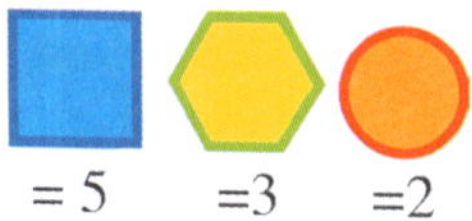
= 5
=3
=2

Mot croisé horizontal ET vertical

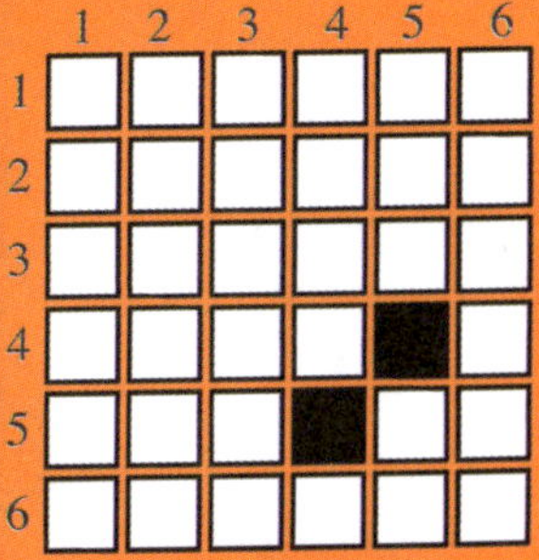

1 - Nouveau
2 - Recouverte d'étain
3 - Piège à homard
4 - Prince arabe
5 - Arrivée Petit tour
6 - Butte

3
FÉVRIER

8 h 19 17 h 51

St Blaise

	1	2	3	4	5	6
1	R	E	C	E	N	T
2	E	T	A	M	E	E
3	C	A	S	I	E	R
4	E	M	I	R	■	T
5	N	E	E	■	T	R
6	T	E	R	T	R	E

Utilisez 2 lettres qui se suivent dans chaque mot pour retrouver une ville française.

SANG
ANNE
CYAN

4
FÉVRIER
8 h 17 — 17 h 53
Ste Véronique

SANG
ANNE
CYAN

ANNECY

Reliez les lettres de **FINITION** sans croiser le tracé.

F				
	N			
I			O	
N	T		I	
			I	

5
FÉVRIER

8 h 16 17 h 54

Ste Agathe

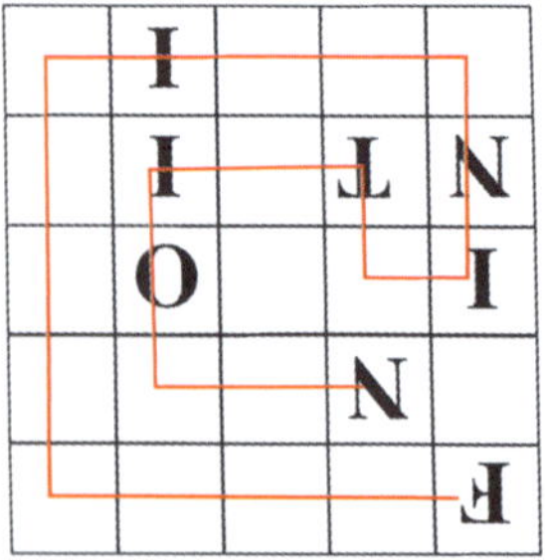

Reliez la bonne date de chaque événement.

8 MAI 1945 •

6 JUIN 1944 •

25 AOÛT 1945 •

6 AOÛT 1945 •

• Débarquement allié en France

• Libération de Paris

• Bombe atomique sur Hiroshima

• Fin de la seconde guerre mondiale

8 MAI 1945
Fin de la seconde
guerre mondiale

6 JUIN 1944
Débarquement allié
en France

25 AOÛT 1945
Libération de Paris

6 AOÛT 1945
Bombe atomique
sur Hiroshima

Complétez **la suite logique.**

1	2	5	7	8	9
3	4	7	9		

7

FÉVRIER

☀ 8 h 13 ☀ 17 h 58

Ste Eugénie

10 ET 11

Les nombres du bas
sont les chiffres
du haut + 2

Retrouvez les noms d'oiseaux cachés dans ces **anagrammes.**

CALEPIN
LOUPE
AGILE
MÊLER
ARNICA

8

FÉVRIER

8 h 11 17 h 59

Ste Jacqueline

PÉLICAN
POULE
AIGLE
MERLE
CANARI

Un boa a une tête de 80 cm. La queue est le double de la longueur de la tête, et le corps est le triple de la tête et de la queue.

Quelle est la longueur du boa?

9

FÉVRIER

8 h 10 18 h 01

Ste Apolline

Tête : 80 cm
Queue : 160 cm
Corps : 3 x 240 cm
= 720 cm

Longueur du boa :
80 + 160 + 720
= 960 cm
soit 9,6 mètres

CARTE à JOUER

Il existe d'autres types de cartes.

Pouvez-vous en donner au moins 10?

10

FÉVRIER

☀ 8 h 08 ☀ 18 h 03

St Arnaud

Carte de restaurant
Carte routière
Carte de crédit
Carte postale
Carte d'anniversaire
Carte de séjour
Carte de géographie
Carte de visite
Carte perforée
Carte blanche
Carte bleue
Carte senior
Carte grise
Carte de vœux
Carte de fidélité
Carte d'électeur
Carte d'état-major
Carte muette...

Quelle expression se cache dans ce dingbat?

CLAQUE
CLAQUE

11

FÉVRIER

8 h 06 18 h 04

Notre-Dame de Lourdes

Une paire de claques.

DISTOMATOSE

n. f.

- Déformation d'un muscle ou d'un tendon.
- Maladie des herbivores due à la présence de vers.
- Dégénérescence d'un muscle due à l'âge.

12

FÉVRIER

8 h 05 18 h 06

St Félix

Maladie des herbivores
due à la présence de vers.

À l'aide de ces définitions,

trouvez les mots

qui se prononcent

de la même manière.

1er en géo - Premier

premier

Fleuve - Dormeur

Rivière - Point dans

l'eau

13

FÉVRIER

☀ 8 h 03 ☀ 18 h 08

Ste Béatrice

Ain - un
Loire - Loir
Ille - Ill - île

Quelle expression
se cache dans ce dingbat?

14

FÉVRIER

☀ 8 h 01 ☀ 18 h 09

St Valentin

Une partie de poker.

Placez des chiffres tous différents pour obtenir 18 sur chaque ligne.

15
FÉVRIER

8h00 18h11

St Claude

7

6 8 9

5 3 2

18 18 18

Retrouvez les pays cachés dans ces anagrammes.

Galerie Inusité Sérail

Réussi Libres

Proue Manieurs Salutaire

Tiqueur Sanglée

Aumônier

16

FÉVRIER

☀ 7 h 58 ☀ 18 h 12

Ste Julienne

Galerie : Algérie
Inusité : Tunisie
Sérail : Israël
Réussi : Russie
Libres : Brésil
Proue : Pérou
Manieurs : Suriname
Salutaire : Australie
Tiqueur : Turquie
Sanglée : Sénégal
Aumônier : Roumanie

Retrouvez le **nom** des 4 mousquetaires.

Aramis	Athos	Tamaris
Rathos	Athros	Porthos
d'Artagnan	Taramis	Pollos
Artaban	Portos	Astragnan

17

FÉVRIER

7 h 56 18 h 14

St Alexis

ATHOS
ARAMIS
PORTHOS
d'ARTAGNAN

La statue de la Liberté
a été construite par:

Gustave Eiffel
Auguste Rodin
Le Corbusier
Aristide Maillol
Auguste Bartholdi

18

FÉVRIER

7 h 54 18 h 16

Ste Bernadette

Bartholdi
sur une structure
d'Eiffel.

Remplacez les lettres par des chiffres,

et cette addition
sera toujours exacte!

19

FÉVRIER

☀ 7 h 53 ☀ 18 h 17

St Gabin

$$\begin{array}{r} 1068 \\ 4062 \\ \hline 5130 \end{array}$$

$$\begin{array}{r} 1078 \\ 3072 \\ \hline 4150 \end{array}$$

$$\begin{array}{r} 1086 \\ 2084 \\ \hline 3170 \end{array}$$

Retrouvez les villes qui se cachent dans ces définitions.

L'ASIE
TOURTERELLE
MARIONNETTE

20

FÉVRIER

7 h 51 18 h 19

Ste Aimée

LORIENT
COLOMBES
PANTIN

Quels **films** se cachent sous ces titres?

Sous la lune de Milan
Banane électronique
Elle ou le Suisse?
Les ombrelles de Strasbourg
Porte sur jardin

21
FÉVRIER

7 h 49 18 h 21

St Pierre-Damien

Sous le soleil de Satan
Orange mécanique
L'aile ou la cuisse
Les parapluies de
Cherbourg
Fenêtre sur cour

Quelle **expression**
se cache dans ce dingbat?

TÊTE

22
FÉVRIER

☀ 7 h 47 ☀ 18 h 22

Ste Isabelle

Relever la tête.

Quel **chiffre**
vient logiquement dans
le dernier cercle ?

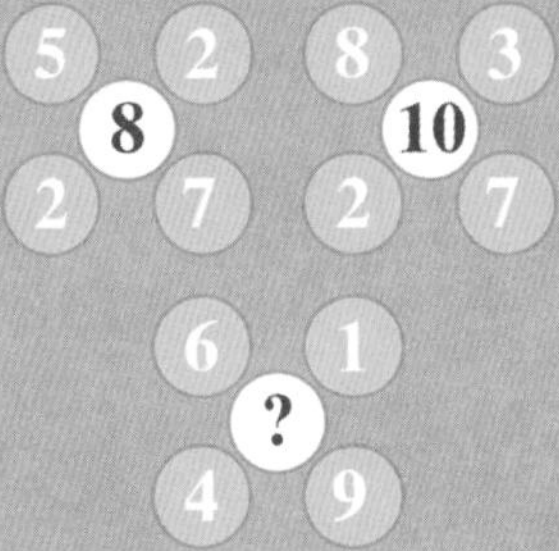

23

FÉVRIER

☀ 7 h 45 ☀ 18 h 24

St Lazare

$$(5 + 7) - (2 + 2) = 8$$

$$(8 + 7) - (2 + 3) = 10$$

$$(6 + 9) - (4 + 1) = 10$$

Ajoutez une **lettre** à

POT

pour en former 5 autres.

24

FÉVRIER

☀ 7 h 43 ☀ 18 h 25

St Modeste

PLOT
SPOT
POTE
PORT
PONT

Retrouvez 2 mots

horizontalement et
2 verticalement en
complétant avec les lettres.

C C O O O N N N N L L L T T T

25

FÉVRIER

☀ 7 h 41 ☀ 18 h 27

St Roméo

	T			C	
C	A	R	T	O	N
	L			L	
L	O	T	I	O	N
	N			N	

Trouvez au moins **40 mots** en utilisant des lettres mitoyennes en vertical, horizontal ou en diagonal.
(3 lettres minimum)

K	A	S	R
M	S	N	I
E	P	U	T
L	R	E	N

26
FÉVRIER

7h39 18h29

St Nestor

KAS - KAN - SKA - RUENT - ÉPURE - ÉPURENT - PUIS - PUNIS - TER - TUER - NUER - PESAS - SANS - TINS - MASSE - MÈRE - MER - PRÉ - PRÊT - PUISSE - SANTÉ - PURE - PUTE - ÂMES - AMÈRE - SEL - LES - LÉSA - PUS - PEUR - SITE - TISSA - TISSER - UNIR - URE - USAS - USER - RUSE - RUSAS - NUIT - NUE - PEUT - EMPRUNT - EMPRUNTÉ - UNISSE - PUNISSE - RÉUSSIT - RÉUSSIR - RÉUNISSE - RÉUNIR - ANIS - MANTE - REPUE - PUENT - RUINASSE

Remettez dans le bon ordre les lettres composant le nom de ce personnage célèbre.

Denis Raboutore
Photographe

Hôtel de Ville - Paris
Gentilly sur Marne

27
FÉVRIER

7 h 37 18 h 30

Ste Honorine

Robert Doisneau

Trouvez au moins **30 mots** dont les lettres se suivent dans le même ordre que dans le mot ci-dessous.
(3 lettres minimum)

FEDERALISME

28
FÉVRIER

7 h 36 18 h 32

St Romain

FRIME - FÉDÉRAL - FÉDÉRÉ - RÂLE -
FRAIS - FRAISE - FERS - FÉRIÉ -
FERME - DERME - DAL - DIS -
DÎME - RAME - RIME - LISE -
ÉLISE - ÂME - AIME - ÉLIMÉ - FRISE -
FÉAL - FAIS - DAIS - DÉLIÉ - ÈRE -
AISE - RASE - RIE - RAIE - ÉDAM -
DAME - ERS - DER - DÉRASE - LIE -
LIME - FÉE - FÊLÉ - FIS

que pour le **sudoku**.

Un symbole ne doit apparaître qu'une fois par ligne, colonne et forme de 5 carreaux.

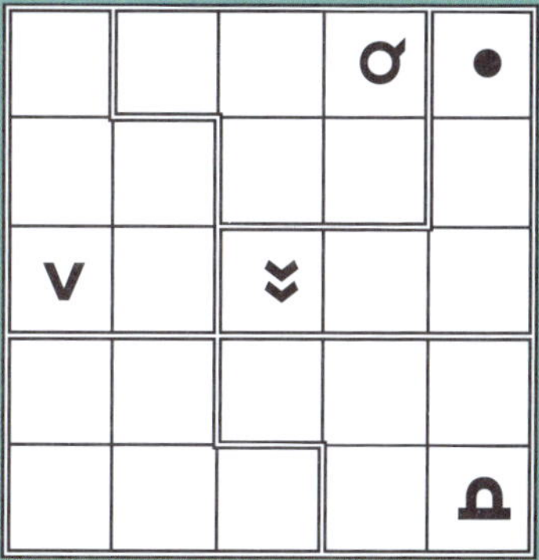

29

FÉVRIER

7 h 35 18 h 33

St Auguste

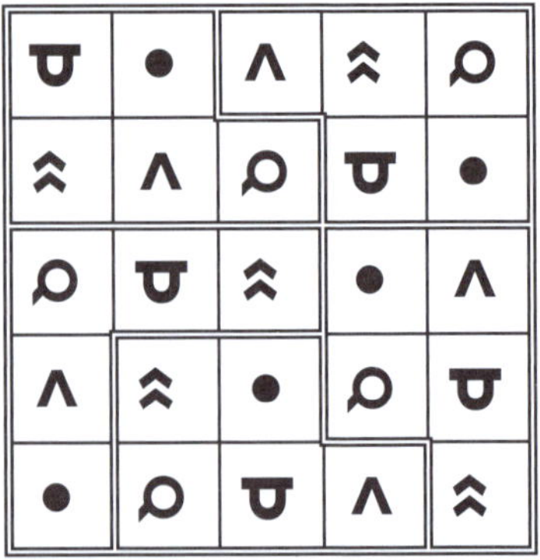

Complétez pour former des **mots** dans le sens des flèches.

1er

MARS

☀ 7 h 34 ☀ 18 h 33

St Aubin

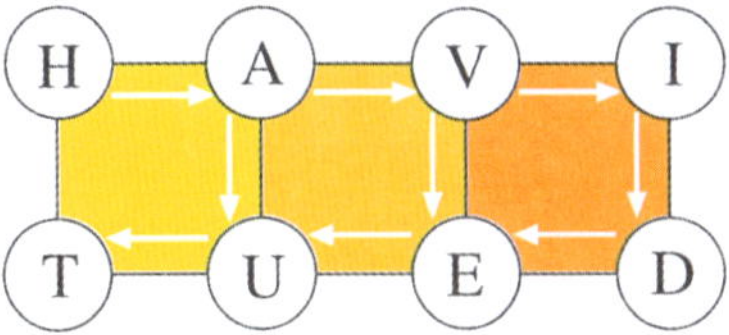
H
A
V
I
T
U
E
D

Comment doubler la **surface** de la place sans toucher aux bâtiments ?

2

MARS

7 h 32 18 h 35

St Charles le Bon

Les lettres de leur **nom** sont les mêmes que celles de vedettes de STAR 80:

ANDRE CHEPRINTKZA
BERNARD STAPCLIT
DAMIEN PREJARERE

3

MARS

7 h 30 18 h 37

St Guénolé

ANDRE CHEPRINTKZA
Patrick Hernandez

BERNARD STAPCLIT
Plastic Bertrand

DAMIEN PREJARERE
Jean-Pierre Mader

Décryptez ce **message**.

LBE PRASOSTAGEE SCIECUREUT
SE TIROLUVE DEIRROIÈREL
LES CARLIVAGIRSE DEU
LEA POLIACE ADEL LAD MATIROIE

4

MARS

7 h 28 18 h 38

St Casimir

En ne lisant que
les lettres noires on trouve :

LE PASSAGE SECRET
SE TROUVE DERRIÈRE
LE CALVAIRE DE
LA PLACE DE LA MAIRIE

Mots enchaînés

Complétez de façon à ce que la syllabe qui termine le premier mot corresponde à celle commençant le second etc...

C I N

→ ☐ ☐ ☐

→ ☐ ☐ ☐

→ T I E

5

MARS

☀ 7 h 26 ☀ 18 h 40

Ste Olive

CIN
TRE
SOR
TIE

Trouvez au moins **40 mots** en utilisant des lettres mitoyennes en vertical, horizontal ou en diagonal.
(3 lettres minimum)

C	E	G	T
T	H	U	Q
I	M	I	A
R	O	N	S

6

MARS

7 h 24 — 18 h 41

Ste Colette

CET - THÉ - QUAIS - QUE - QINS -
AIMIONS - AIMONS - IRONS -
MOINS - MOIS - IONS - TIR - SAIN -
ANIS - SAUT - SAUMON -
HUMONS - HUMIONS - HUAIS -
NIQUAS - NOM - MON - MINAS -
GUÉ - MUT - MUAIS - ROM -
TIRONS - ÉTIRONS - MITE - HEU -
HUÉ - RITE - RIMONS - TUAIS - MISA -
NIAS - ROIS - MIRONS - NOIR -
MINS - RIO - MUE - CHUT - CHUE -
CHINAS - CHIMIO - HUIS

Remettez dans le **bon ordre** les lettres composant le nom de ce personnage célèbre.

Tom DAUREDANE
Peintre

Olympia
Sur les berges de la Seine

7

MARS

7 h 22 18 h 43

Ste Félicité

Edouard Manet

Trouvez les syllabes pour former des mots qui s'enchaînent.

CRE

↳ _ _ _

↳ _ _ _

↳ LON

8

MARS

7 h 19 — 18 h 44

St Jean de Dieu

CRE
CHE
VAL
LON

Remplissez la grille, sachant que la même couleur ne peut être présente qu'une seule fois dans chaque ligne, chaque colonne et forme de 5 carreaux.

9

MARS

☀ 7 h 17 ☀ 18 h 46

Ste Françoise

TERPINE n. f.

• Substance chimique obtenue à partir de l'essence de térébenthine.
• Petit sonde pour mesurer la consistance d'un terrain.
• Petite pelle longue utilisée pour récolter des vers pour la pêche.

10

MARS

7 h 15 18 h 48

St Vivien

Substance chimique obtenue à partir de l'essence de térébenthine.

Modifiez une seule lettre par ligne pour passer de **RUSE** à **PILE**.

R	U	S	E
P	I	L	E

11

MARS

7 h 13 — 18 h 49

Ste Rosine

RUSE
ROSE
POSE
PÔLE
PILE

Quelle **expression** **se cache** dans ce dingbat?

SA = COU

12
MARS

☀ 7 h 11 ☀ 18 h 51

Ste Justine

Ça vaut le coup!

À l'aide des définitions,
complétez ce carré
qui se lit à l'horizontale
et à la verticale.

	1	2	3	4	5
1					
2					
3					
4					
5					

1 - Mois
2 - Instrument à cordes
3 - Cuire à la broche
4 - Ancienne Troie
5 - Célèbre pour son hydre

13
MARS

7 h 09 18 h 52

St Rodrigue

A	V	R	I	L
V	I	O	L	E
R	O	T	I	R
I	L	I	O	N
L	E	R	N	E

Quels personnages politiques se cachent dans ces anagrammes?

Naturel abusif
Le joli pinson
En mal, en pire

14

MARS

7 h 07 18 h 54

Ste Mathilde

Laurent Fabius
Lionel Jospin
Marine Le Pen

Reliez ces **boissons** à leur **région** d'origine.

LE RIESLING •	• AQUITAINE
LE PESSAC-LÉOGNAN •	• AUVERGNE-RHÔNE-ALPES
LE BUZET •	• BOURGOGNE
LE CONDRIEU •	• ALSACE
LE VOLNAY •	• BRETAGNE
LE CHOUCHEN •	• LOT-ET-GARONNE

15

MARS

7 h 05 18 h 55

Ste Louise

LE RIESLING - ALSACE
LE PESSAC-LÉOGNAN - AQUITAINE
LE BUZET - LOT-ET-GARONNE
LE CONDRIEU - AUVERGNE-RHÔNE-ALPES
LE VOLNAY - BOURGOGNE
LE CHOUCHEN - BRETAGNE

Complétez ces opérations.

Une même couleur représente un même chiffre.

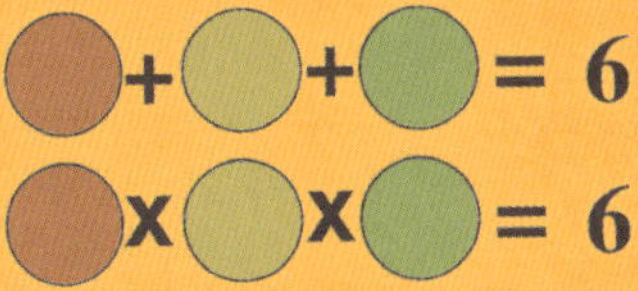

16

MARS

7 h 03 18 h 57

Ste Bénédicte

$$1 + 2 + 3 = 6$$
$$1 \times 2 \times 3 = 6$$

Qui rendait la justice sous un chêne?

- François Ier
- Louis XIV
- Charlemagne
- Henri IV
- Saint Louis

17

MARS

7 h 01 18 h 58

St Patrick

Saint Louis

Placez les chiffres

1 2 3 4 5 6 7 8

pour résoudre cette

addition.

```
  ○ ○ ○ ○
+ ○ ○ ○ ○
---------
  9 9 9 9
```

18

MARS

☀ 6 h 59 ☀ 19 h 00

St Cyrille

$$\begin{array}{r} 1234 \\ +\ 8765 \\ \hline 9999 \end{array}$$

Une lettre s'est inopinément glissée dans ces mots. Laquelle ?

PiNED
TABALe
CHATiSe

19
MARS

☀ 6 h 57 ☀ 19 h 01

St Joseph

N - PIED
A - TABLE
T - CHAISE

Quelle est la bonne image de l'église de la **Madeleine à Paris?**

20

MARS

6 h 55 19 h 03

Printemps • St Herbert

Il manque une même syllabe au début de ces mots.

21
MARS

☀ 6 h 52 ☀ 19 h 04

Ste Clémence

POUlet
POUvoir
POUtre

Quelles **flèches** ne tournent pas dans le sens des aiguilles d'une montre?

22

MARS

☀ 6 h 50 ☀ 19 h 06

Ste Léa

Passez de **PAGE** à **DÔME** en modifiant 1 lettre par ligne.

P	A	G	E
D	O	M	E

23

MARS

6 h 48 19 h 07

St Victorien

PAGE
RAGE
RAME
DAME
DÔME

Reliez les mêmes **couleurs** sans croiser les tracés.

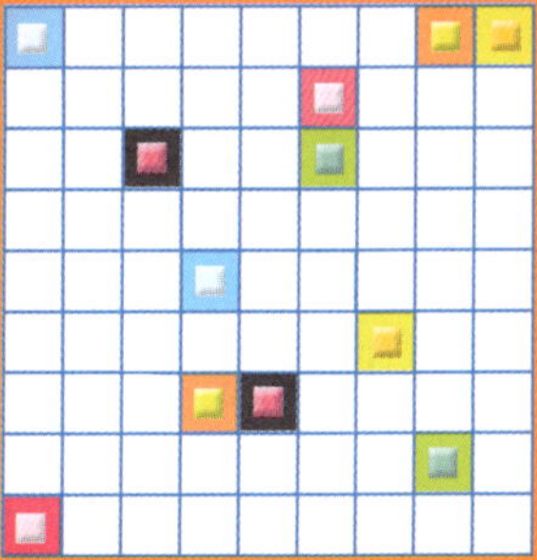

24

MARS

6 h 46 19 h 09

Ste Catherine de Suède

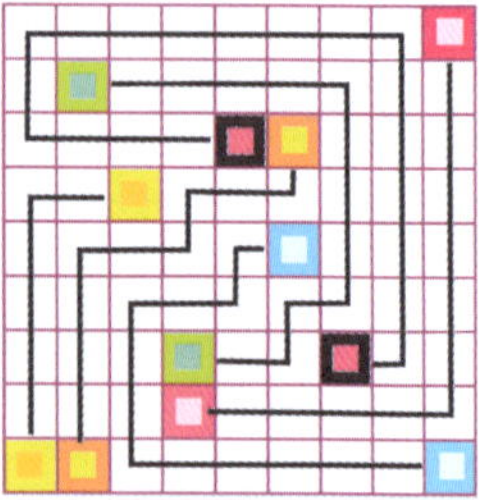

Trouvez au moins

30 mots dont les lettres se suivent dans le même ordre que dans le mot ci-dessous.

(3 lettres minimum)

PETROCHIMIQUE

25

MARS

6 h 44 19 h 10

St Humbert

POCHE - ROC - PET - PÈTE -
PÈRE - PIQUE - ROCHE - TROC -
POU - ÉTRIQUÉ - TRIME - PRIME -
RIME - ROM - TROU - TROUÉ -
TRIÉ - CHIMIE - CHIMIQUE - CHIE -
ÉCHUE - TROQUE - ÈRE - ÊTRE -
CHIQUE - PÈCHE - PROIE -
PROUE - PRIÉ - ÉTIQUE - MIE -
MUE - ROI - PROCHE - PRÉ - PÉRIE -
OHÉ - TOME -

Leur nom utilise les mêmes lettres que celles de comédiennes disparues:

CAMILLE DERIR
ANNE JOUERAME
GINA DRORATIEN

26

MARS

6 h 42 19 h 12

Ste Larissa

MIREILLE DARC
JEANNE MOREAU
ANNIE GIRARDOT

Trouvez l'expression qui se cache

dans ce dingbat.

27

MARS

6 h 40 19 h 13

St Habib

Un train peut
en cacher un autre.

Noircir les points en fonction du chiffre indiqué dans le cercle.

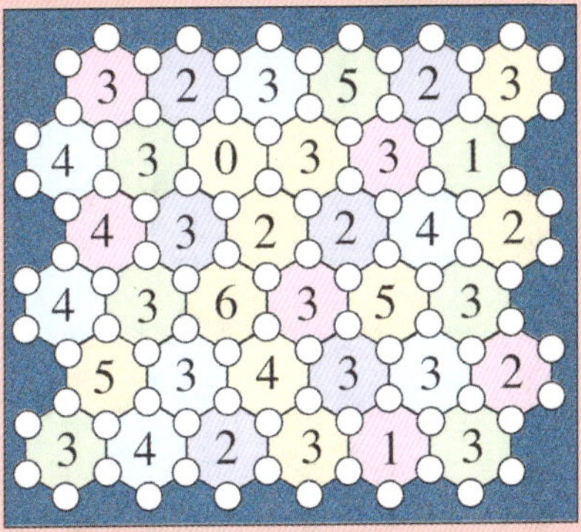

28
MARS

☀ 6 h 38 ☀ 19 h 15

St Gontran

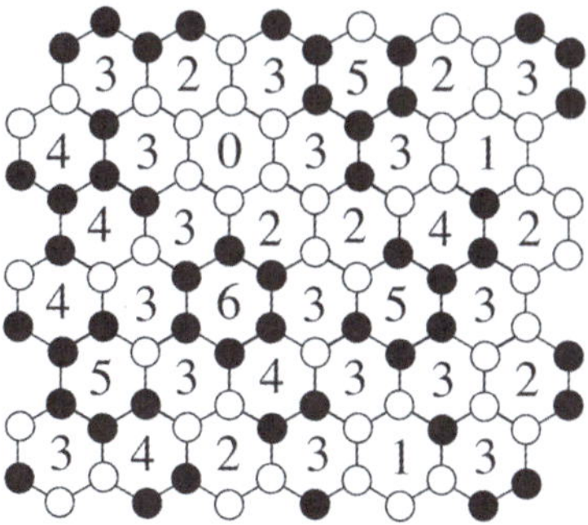
3 2 3 5 2 3
4 3 0 3 3 1
4 3 2 2 4 2
4 3 6 3 5 3
5 3 4 3 3 2
3 4 2 3 1 3

Chassez **l'intrus.**

29

MARS

☀ 7 h 36 ☀ 20 h 16

Ste Gladys

Le point est toujours au sommet du triangle.

Trouvez le chemin le plus court.

30

MARS

☀ 7 h 33 ☀ 20 h 18

St Amédée

Quel est ce **chiffre** ?

AUGMENTÉ DE MON TRIPLE JE SUIS ÉGAL À 20.

31

MARS

7 h 31 20 h 19

Pâques • St Benjamin

5

$$5 + 15 = 20$$

Trouvez au moins **40 mots** en utilisant des lettres mitoyennes en vertical, horizontal ou en diagonal.
(3 lettres minimum)

B	R	Z	N
A	T	E	T
S	I	C	E
U	O	P	R

1er

AVRIL

☀ 7 h 29 ☀ 20 h 21

Lundi de Pâques • St Hugues

POSTE - POSTERA - POSTENT -
POSTEZ - POSTÉE - POSTAI - PRÊT -
PRÊTENT - PRÊTER - PRÊTERA -
PRÊTERAI - PRÊTERAIT - PRÊTERAS -
PRÊTERAIS - PRÊTEZ - PÉTERAIS -
RÉER - POUS - POIS - COUS -
ÉPOUSAIT - BAR - BAT - BAIE - RAIE -
TAIE - CRÉERAIT - NET - ZEN - SIC -
PRÊTEZ - PÉTEZ - CRÉEZ - CENT - TAIS -
BAIS - TIC - PIC - PIE - ÉPIEZ - ÉPIENT -
CITEZ - CITENT - CITAS - RATÉE - RATS -
SAIT - POSAIT - PITRE - BÂTIS - PRÉ -
CISTE - ENTER - CIS - BRAIE -
BRAIENT - ÂTRE - SOU -
OUI - TENTER

Les règles sont les mêmes
que pour le **sudoku**
avec les lettres du mot
TOURNEVIS.

						I		
							O	S
R			E	U				
	O						R	
	R		N					
			V			N		
		U						
				O	S			
V						T		

2

AVRIL

7 h 27 20 h 22

Ste Sandrine

N	V	T	O	S	R	I	E	U
I	U	E	T	V	N	R	O	S
R	S	O	E	U	I	V	T	N
E	O	N	S	I	T	U	R	V
S	R	V	N	E	U	O	I	T
U	T	I	V	R	O	N	S	E
O	E	U	I	T	V	S	N	R
T	N	R	U	O	S	E	V	I
V	I	S	R	N	E	T	U	O

Trouvez au moins **30 mots** dont les lettres se suivent dans le même ordre que dans le mot ci-dessous.
(3 lettres minimum)

BIMETALLIQUE

3
AVRIL

7 h 25 20 h 24

St Richard

BILE - BILLE - MÉTAL -
MÉTALLIQUE - BIQUE - BITE -
BEAU - BÊTA - BELLE - BÊTE -
BAL - BALLE - MET - MÊLE - LUE -
ÉLUE - ÉTAL - ÉTALE - ELLE - ÎLE -
BIELLE - MÂLE - MAL - MALLE -
ALE - AIE - MAIE - BAIE - TAIE -
ALI - ALLIÉ - ALU - MIE - BEL -
TIQUE - TALQUÉ - BLÉ - MELLE

Horizontal ET vertical

1 - Cigarière

2 - Nomme chevalier

3 - Voies

4 - Rebelles

5 - bois dur

6 - Loch célèbre

4

AVRIL

☀ 7 h 23 ☀ 20 h 25

St Isidore

	1	2	3	4	5	6
1	C	A	R	M	E	N
2	A	D	O	U	B	E
3	R	O	U	T	E	S
4	M	U	T	I	N	S
5	E	B	E	N	E	■
6	N	E	S	S	■	■

Trouvez les **mots**

qui ont **S** et **O** en commun.
Une même couleur représente une même lettre.

5

AVRIL

☀ 7 h 21 ☀ 20 h 27

Ste Irène

STOCK
SPORT
STORE
TORSE
SORTE
CORSE
SCORE

En mélangeant les lettres des deux mots, trouvez des arbres.

ALU + BOUE = ...

TÉTINE + SOIR = ...

GÂCHER + NIAIT = ...

6

AVRIL

☀ 7 h 19 ☀ 20 h 28

St Marcellin

ALU + BOUE =
BOULEAU

TÉTINE + SOIR =
NOISETTIER

GÂCHER + NIAIT =
CHÂTAIGNIER

Trouvez au moins

30 mots dont les lettres se suivent dans le même ordre que dans le mot ci-dessous.

(3 lettres minimum)

ÉPISTOLAIRE

7

AVRIL

☀ 7 h 17 ☀ 20 h 30

St Jean-Baptiste de La Salle

ÉPI - ÉPÎTRE - ÉPIE - PISTE - PISE -
PITRE - PÔLE - POIRE - TÔLE -
POLAIRE - SOLAIRE - TIRE - TARE -
TAIE - TAIRE - PAIR - PAIRE - PILE -
PLAIRE - PLAIE - SOL - SOLE - PARE -
PIRE - PLIE - LAIE - STAR - PAIE -
PORE - STORE - SIR - SIRE - PAR -
TOI - SOIE - SOIR - EST - PISTOLE -
ÉTAI - ÉTOLE - ÉTIRE - AIR - AIRE -
POLIE - POLIR

Trouvez les 7 différences

dans le reflet du miroir.

8

AVRIL

☀ 7 h 15 ☀ 20 h 31

Ste Julie

À l'aide des définitions, **complétez ce carré** qui se lit à l'horizontale et à la verticale.

	1	2	3	4	5	6
1						
2						
3						
4						
5						
6						

1 - Rongeur à queue aplatie
2 - Charrue
3 - Poudre rare
4 - Doit être suffisant pour s'ancrer
5 - Agrume
6 - Revenus d'un capital

9

AVRIL

7 h 13 — 20 h 33

St Gauthier

C	A	S	T	O	R
A	R	A	I	R	E
S	A	F	R	A	N
T	I	R	A	N	T
O	R	A	N	G	E
R	E	N	T	E	S

Quel est le plus grand nombre ?

La dixième
de la moitié de 100

ou

la moitié du dixième de 100.

10
AVRIL

☀ 7 h 11 ☀ 20 h 34

St Fulbert

C'est la même chose !

$$100/2 = 50/10 = 5$$
$$100/10 = 10/2 = 5$$

Retrouvez les **prénoms** féminins cachés dans ces **anagrammes**.

Graminée

Celui

Minaret

Abeilles

Palaces

Limeur

Reine

Racine

Injuste

Losange

11

AVRIL

7 h 09 20 h 36

St Stanislas

Graminée = Germaine
Minaret = Martine
Celui = Lucie
Palaces = Pascale
Abeilles = Isabelle
Racine = Carine
Limeur = Muriel
Reine = Irène
Injuste = Justine
Losange = Solange

Retrouvez les **formes** et les **couleurs** cachées derrière ces carrés.

Au-dessus du triangle, il y a un carré.
À droite du triangle, il y a un rectangle.
À droite du vert, il y a un rond.
À droite d'un jaune, il y a un bleu.
À droite du vert, il y a un rouge.

12

AVRIL

7 h 07 20 h 37

St Jules

Reliez les **paires** sans croiser ni superposer les traits.

				8	3				
		7			2				
					1				
					4				
		7	6	8					
			1						
	6	4							
5	2			3					5

13

AVRIL

7 h 05 20 h 39

Ste Ida

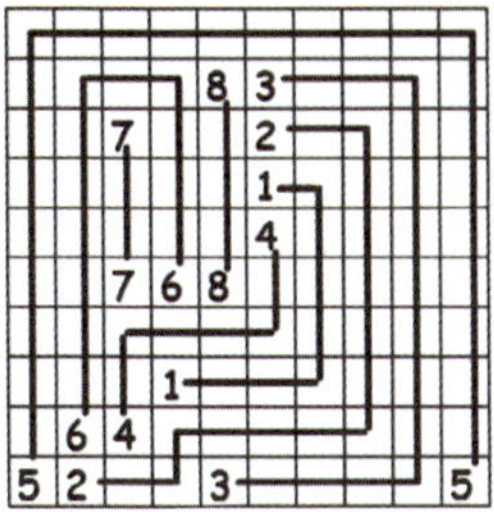

Avec les lettres de leur nom, **trouvez la ville** où habitent ces personnes.

LOU SOUTE
ROGER BUCH
REMY BACH

14

AVRIL

☀ 7 h 03 🌅 20 h 40

St Maxime

LOU SOUTE
TOULOUSE
ROGER BUCH
CHERBOURG
REMY BACH
CHAMBÉRY

Reliez les lettres de

ÉPHÉMÉRIDE

sans croiser le tracé.

D		E						
							R	
	E						H	
			I		E			
M								
			E					
P								

15

AVRIL

7 h 01 20 h 42

St Paterne

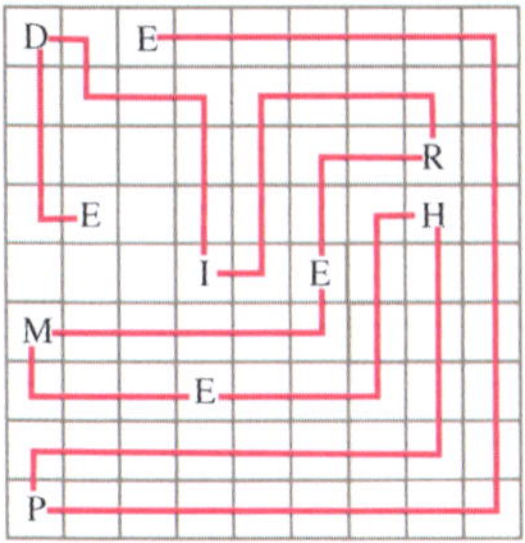
D
E
R
E
H
I
E
M
E
P

Quelles couleurs doivent remplir logiquement la dernière figure?

16
AVRIL

☀ 6 h 59 ☀ 20 h 43

St Benoît-Joseph

Retrouvez les dictons cachés

dans ces détournements.

Le moujik adoucit le beurre.

Les bons contes font les bonzes amis.

Il n'a pas habitué le filleul à couper les fleurs.

17

AVRIL

6 h 57 20 h 45

St Anicet

La musique
adoucit les mœurs.

Les bons comptes
font les bons amis.

Il n'a pas inventé
le fil à couper le beurre.

Partagez **ce bassin** en deux parties égales contenant chacune trois poissons.

18

AVRIL

☀ 6 h 55 ☀ 20 h 46

St Parfait

RIGOTTE n.f

- Petit fromage cylindrique du Lyonnais
- Petite rigole d'irrigation agricole
- Petite ride des yeux, patte d'oie
- Petit gilet brodé
- Petite histoire amusante

19

AVRIL

6 h 53 20 h 48

Ste Emma

Petit fromage
cylindrique.

Placez les **chiffres**

1 2 3 4 5 6 7 8 9

pour obtenir le même total verticalement et horizontalement.

```
    2
    4
1 9 3 6 5
    7
    8
```

Dans quel **sens** doivent être les flèches de la case vide?

21

AVRIL

6 h 49 20 h 51

St Anselme

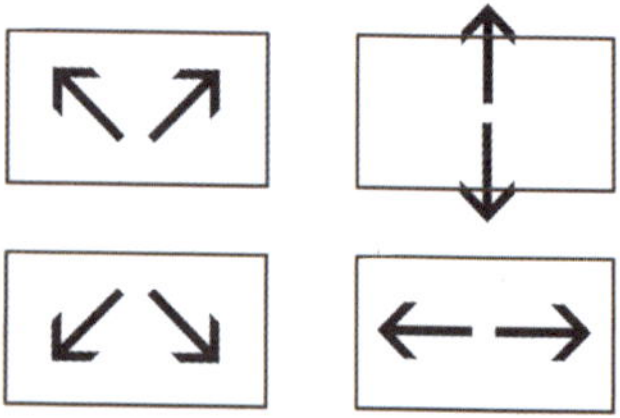

Remplacez les lettres par des **chiffres**,

et cette addition sera toujours exacte !

22

AVRIL

☀ 6 h 47 ☀ 20 h 52

St Alexandre

$$\begin{array}{r} 1423 \\ 1423 \\ \hline 2846 \end{array} \qquad \begin{array}{r} 1738 \\ 1738 \\ \hline 3476 \end{array}$$

$$\begin{array}{r} 1634 \\ 1634 \\ \hline 3268 \end{array} \qquad \begin{array}{r} 1739 \\ 1739 \\ \hline 3478 \end{array}$$

Reliez les deux cases décorées en passant par toutes les cases sauf les grises, sans croiser le tracé ni repasser dessus.

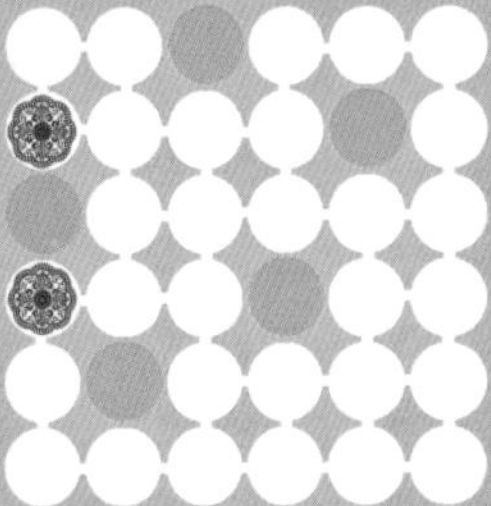

23

AVRIL

☀ 6 h 45 ☀ 20 h 54

St Georges

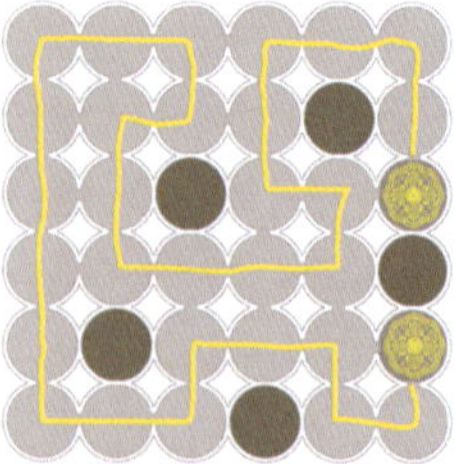

Deux **dés** sont faux.
Lesquels?

24
AVRIL

☀ 6 h 43 ☀ 20 h 55

St Fidèle

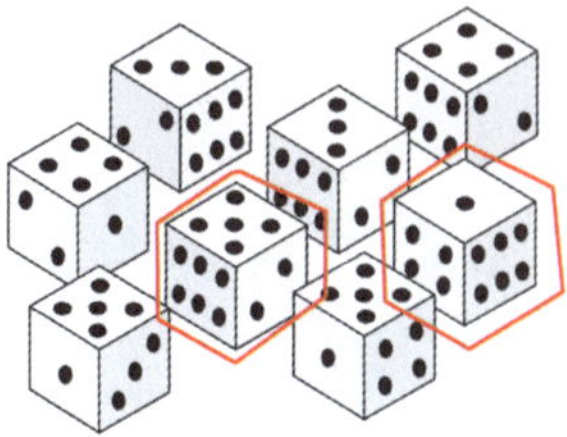

La somme des faces opposées d'un dé est toujours 7.

Trouvez les 2 mikados identiques.

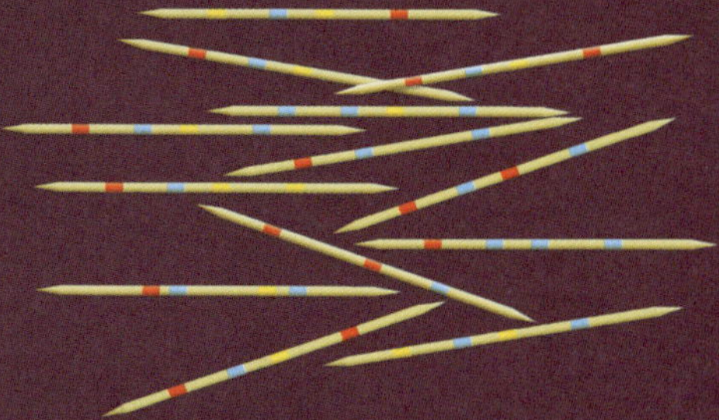

25

AVRIL

6 h 42 20 h 57

St Marc

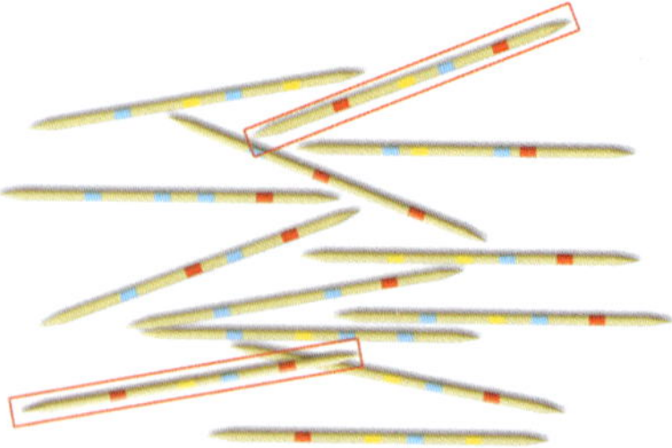

Horizontal ET vertical

	1	2	3	4	5
1					
2					
3			■		
4					
5					

1 - À ne pas mordre
2 - Solliciter
3 - Rapport
Soleil égyptien
4 - Ventilai
5 - Ligne

26
AVRIL

☀ 6 h 40 ☀ 20 h 58

Ste Alida

	1	2	3	4	5
1	A	P	P	A	T
2	P	R	I	E	R
3	P	I	■	R	A
4	A	E	R	A	I
5	T	R	A	I	T

Utilisez deux lettres qui se suivent dans chaque mot pour retrouver une ville française.

ACHAT
CHAMP
THON
FIXE

27
AVRIL

6 h 38 21 h 00

Ste Zita

ACHAT
CHAMP
THON
FIXE

CHAMONIX

Homophones

Trouvez les mots
qui se **prononcent pareil**
avec les définitions.

Caché - Carpette
Fruit rouge - Anse
C romain - liquide vita

28
AVRIL

6 h 36 21 h 01

Ste Valérie

Tapi - tapis
Baie - Baie
Cent - sang

Trouvez au moins **40 mots** en utilisant des lettres mitoyennes en vertical, horizontal ou en diagonal.
(3 lettres minimum)

M	P	E	S
I	E	S	O
U	G	T	N
W	A	N	T

29
AVRIL

☀ 6 h 34 ☀ 21 h 02

Ste Catherine de Sienne

PESOS - SONT - SONNA - NOS -
SON - OSÉE - OSES - GUÉS -
GANTS - GANTÉES - GÂTONS - WATT -
MIES - PIES - ÉPIÉS - PÈSE - PESTE -
PESTANT - PIEU - PESONS -TEES -
PETS - PETONS - PIÉTONS - ANTE -
NAGES - TANGUES - ANGES - AGI -
SET - TES - EST - NOTES - NOTÉES -
NOTA - TONNA - PESTO - PIGES -
PIGÉES - GUI - METS - ÔTANT - SOT -
TESSON - MESSE - SONS - ÂGÉES -
PÉTANT - TANT

Trouvez
l'expression
qui se cache
dans ce dingbat.

NIVEAU

RELEVER LE NIVEAU

Trouvez le mot qui se cache dans ce dingbat.

1er

MAI

☀ 6 h 31 ☀ 21 h 05

Fête du travail • St Jérémy

Des alliés

Des A liés

Partagez ce carré en quatre zones égales avec le même assortiment de points.

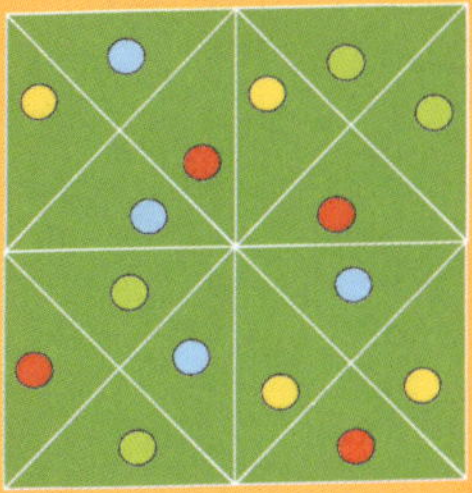

2

MAI

6 h 29 21 h 07

St Boris

Parcourez ce trajet pour revenir au point de départ.

Passez par tous les carrés une seule fois sans croiser le tracé.
Déplacement horizontal et vertical.

3

MAI

6 h 28 21 h 08

St Philippe

Noircir les points de chaque carré selon le chiffre indiqué au centre du carré.

1	2	3	2	0	1
2	3	3	3	1	0
2	1	2	4	3	2
2	0	1	2	3	4
3	2	1	0	1	2
2	2	2	2	1	1

4

MAI

6 h 26 — 21 h 10

St Sylvain

1 2 3 2 0 1
2 3 3 3 1 0
2 1 2 4 3 2
2 0 1 2 3 4
3 2 1 0 1 2
2 2 2 2 1 1

Trouvez les deux pichets **identiques.**

5

MAI

6 h 24 21 h 11

Ste Judith

Trouvez le bon chemin.

6

MAI

6 h 23 21 h 13

Ste Prudence

Quelles pièces permettent de compléter ce puzzle ?

7
MAI

☀ 6 h 21 ☀ 21 h 14

Ste Gisèle

Parcourez ce **CIRCUIT** en passant par tous les points sans passer deux fois sur le même tracé.

8

MAI

☀ 6 h 20 ☀ 21 h 15

Victoire 1945 • St Désiré

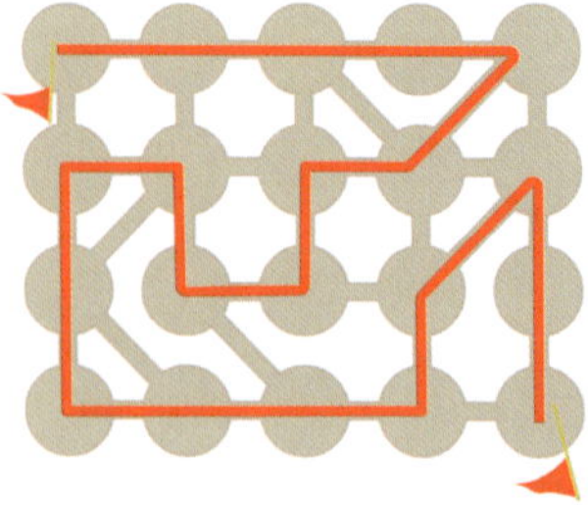

Retrouvez les **animaux** cachés dans ces **anagrammes**.

Loupe

Niche

Drainés

Liseur

Goûter

Présent

Réveil

Plain

Malice

Prêcheur

Poigne

9

MAI

6 h 18 21 h 17

Ascension • St Pacôme

Drainés = Sardine
Loupe = Poule
Niche = Chien
Goûter = Rouget
Liseur = Silure
Réveil = Lièvre
Plain = Lapin
Présent = Serpent
Malice = Limace
Prêcheur = Perruche
Poigne = Pigeon

Résolvez cette **énigme**:

Mon aïeul en a un,
la faïence et la
mosaïque
en contiennent,
ainsi que le bonsaï
mais pas la boîte.
Qui suis-je?

10

MAI

6 h 16 21 h 18

Ste Solange

Le i tréma.

FLAMINGANT adj.

- Brûlant avec de petites flammes.
- Qui parle flamand.
- Partisan de l'autonomie de la Flandre.
- Qui se rapporte aux flamants.

11

MAI

6 h 15 21 h 20

Ste Estelle

Qui parle flamand.
Partisan de l'autonomie
de la Flandre.

Retrouvez les mots qui ont **AI** en commun.
Une même couleur représente une même lettre.

12
MAI

6 h 14 21 h 21

St Achille

TRAIN
TRAIT
DRAIN
GRAIN
CRAIE
FRAIS

En utilisant des lettres de
GÉRALDINE CHAPLIN
trouvez au moins
20 prénoms
féminins!

13
MAI

6 h 12 21 h 22

Ste Rolande

ANNIE - ANNE - ALICE - ALINE -
ANGÈLE - ANGELINA - ARIANE -
ADRIENNE - ANGELINE - ARIELLE -
ADÈLE - CÉLINE - CARINE - CHINE -
CLAIRE - CARLA - CHARLÈNE -
CHARIA - DELPHINE - DAPHNÉ -
DANIELLE - ÉLIANE - LARA -
IRÈNE - LIANE - LILIANE - LINE -
NADINE - NADIA

Reliez les symboles identiques sans croiser les tracés.

14

MAI

☀ 6 h 11 ☀ 21 h 24

St Matthias

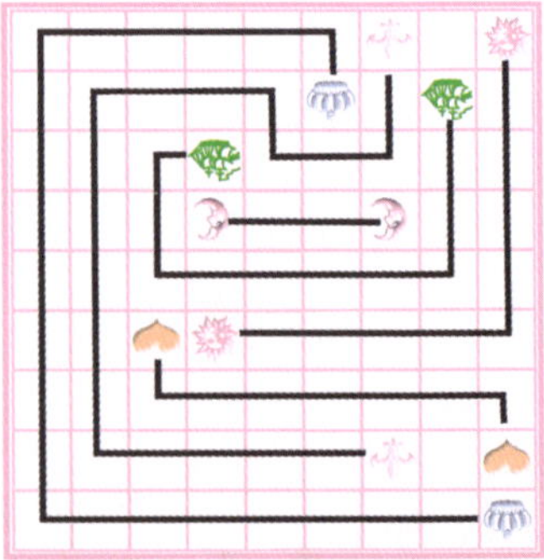

Retrouvez ce carré.

Certains de ces points de couleur sont alignés sur le périmètre d'un carré.

15

MAI

6 h 09 21 h 25

Ste Denise

En modifiant l'ordre des lettres du nom et du prénom de ces dames, retrouvez leur appartenance à une région.

Tania Reches
Éliane Sanc
Ève Croplan

16
MAI

☀ 6 h 08 ☀ 21 h 26

St Honoré

CHARENTAISE
ALSACIENNE
PROVENCALE

Trouvez au moins
40 mots en utilisant des lettres mitoyennes en vertical, horizontal ou diagonal.
(3 lettres minimum)

O	X	I	L
T	B	U	E
R	Q	L	E
I	A	C	R

17
MAI

6 h 07 21 h 28

St Pascal

BRIQUE - BRIQUER - TRIQUE - CALQUE - CALQUER - RÉEL - LIEUX - EUX - CREUX - CEUX - LIEU - CAL - CALÉE - RELUE - LUI - BILE - BUE - CRÉE - ÂCRE - LAQUE - LAQUÉE - CLAQUE - CLAQUÉE - RIA - AIR - CLÉ - CELUI - LUE - ÉLUE - BLÉ - BLAIR - BOX - CELÀ - CELAI - ART - TRIA - TRAQUÉE - TRAQUE - RÂLE - RÂLER - ALE - RACE - RACÉE - TRACÉE - TRACE - LIÉE - BRAQUE - BRAQUER - TRAC - QUI - QUEL...

À l'aide de ces définitions,
trouvez le mot commun.

BOUE - POT
SET - MER
BIÈRE - MATELOT

18
MAI

6 h 06 21 h 29

St Éric

VASE
MANCHE
MOUSSE

Comment se nomme
le **petit de**
la girafe ?

Girafot - Girafette
Girafeau - Girafon

19
MAI

6 h 04 21 h 30

Pentecôte • St Yves

Girafon

ou

Girafeau

Trouvez au moins **30 mots** en utilisant des lettres mitoyennes.

E	S	R	E
L	A	O	I
U	T	N	R
E	I	S	E

20
MAI

6 h 03 21 h 32
Lundi de Pentecôte
St Bernardin

ANSE - ALU - ÂNE - EAU - ÉLU
ÉTAL - ÉTAU - ÉLAN - SOIE
SON - SAUT - SANS - SAUTE
SANTÉ - SALUT - SOIR - SOIN
SATIN - SERIN - SÉRIE - STAR
SAÔNE - SALUT - SALE
LATINE - LUTIN - LATIN - LUI
LARON - RATE - RIRE - ROSE
ROI - RÔTI - EIRE - OIE - LAON
LAOS - TARE - TAS - OISE
NOIR - RENIER - ROTIN

Concorde

était un avion:

- Franco-Allemand
- Franco-Anglais
- Franco-Américain
- Franco-Européen
- Franco-Arabe

21
MAI

6 h 02 21 h 33

St Constantin

FRANCO-ANGLAIS.

Quelle **philosophe religieux** se cache dans ce dingbat?

22
MAI

☀ 6 h 01 ☀ 21 h 34

St Émile

BOUDDHA

Bout d'A

Remplissez les **points** de façon logique.

23

MAI

☀ 6 h 00 ☀ 21 h 35

St Didier

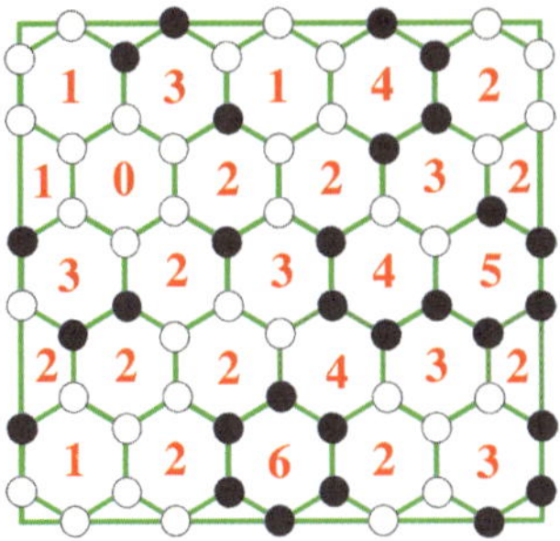
1 3 1 4 2
1 0 2 2 3 2
3 2 3 4 5
2 2 2 4 3 2
1 2 6 2 3

Quelle est la **couleur** du carré et de son contour ?

24

MAI

☀ 5 h 59 ☀ 21 h 37

St Donatien

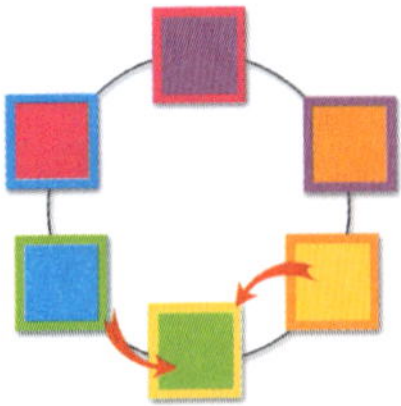

L'intérieur des carrés a la couleur du contour du précédent dans le sens antihoraire, et le contour la couleur de l'intérieur du suivant.

Augmenté de mon double
je suis égal à 30.

Quel est ce nombre ?

25
MAI

☀ 5 h 58 ☀ 21 h 38

Ste Sophie

10 (10 + 20 = 30)

Placez des chiffres tous différents, pour obtenir 15 avec le centre et 2 pétales de même couleur.

26
MAI

☀ 5 h 57 ☀ 21 h 39

Fête des mères • St Bérenger

4
2
9
3
5
7
1
6
8

Placez des nombres tous différents, pour obtenir 60 verticalement et horizontalement.

27

MAI

5 h 56 21 h 40

St Hildebert

$$10 \times 6 = 60$$

$$20 \times 3 = 60$$

$$30 \times 2 = 60$$

60

En ne changeant qu'une seule lettre

de

Récit,

trouvez 3 autres mots.

28

MAI

5 h 55 21 h 41

St Germain

RéPit
RéciF
ReçUt

Retrouvez les deux voitures identiques.

29

MAI

5 h 54 21 h 42

St Aymard

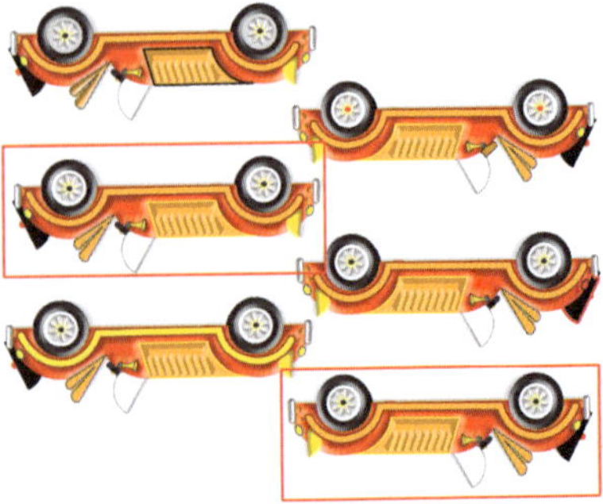

Horizontal ET vertical

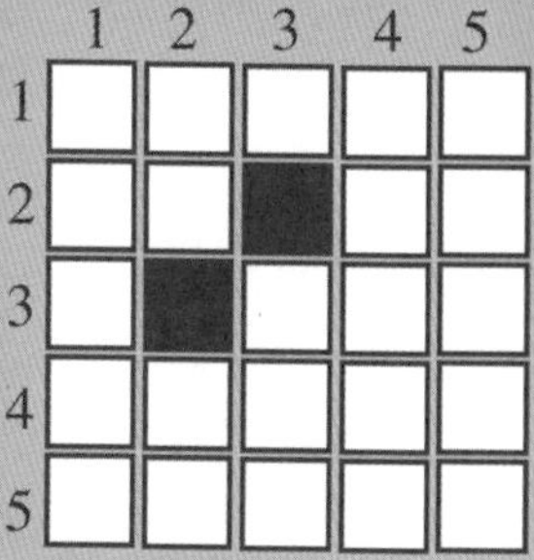

1 - Roi des forêts
2 - Le meilleur
À payer
3 - Après bis
4 - Inspirations
5 - Nounou

30

MAI

5 h 53 21 h 43

St Ferdinand

	1	2	3	4	5
1	S	A	P	I	N
2	A	S		D	U
3	P		T	E	R
4	I	D	E	E	S
5	N	U	R	S	E

Complétez pour former des **mots** dans le sens des flèches.

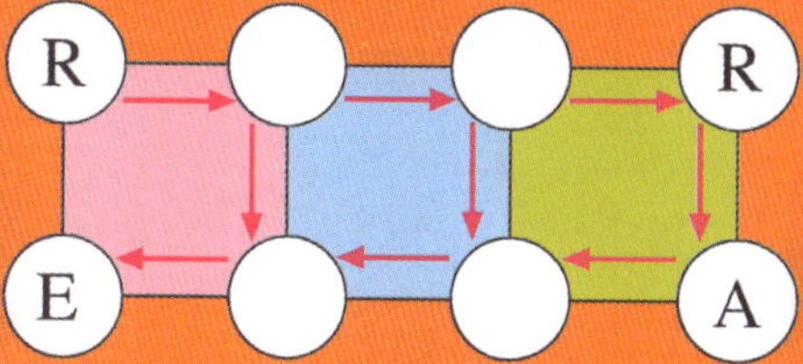

31

MAI

5 h 53 21 h 44

Visitation

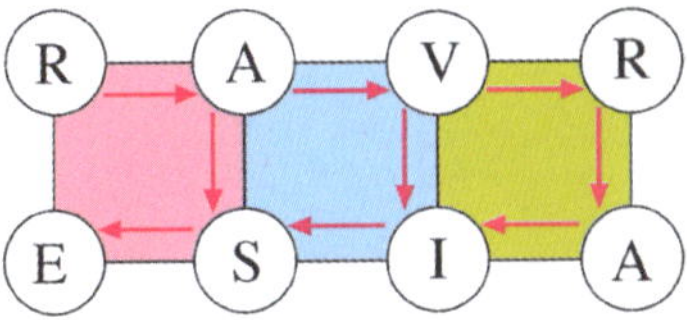
R A V R
E S I A

Retrouvez les deux

planches

de surf identiques.

1er

JUIN

☀ 5 h 52 ☀ 21 h 45

St Justin

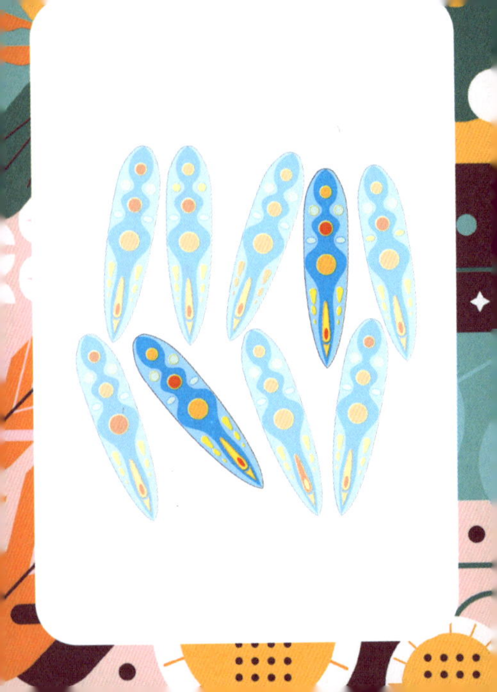

Horizontal ET vertical

	1	2	3	4	5
1					
2					
3					
4					
5					

1 - Grande mer
2 - Tranquille
3 - Lutins nordiques
4 - Aigres
5 - Petit nom d'un monstre

2

JUIN

5 h 51 21 h 46

Ste Blandine

	1	2	3	4	5
1	O	C	E	A	N
2	C	A	L	M	E
3	E	L	F	E	S
4	A	M	E	R	S
5	N	E	S	S	Y

Utilisez deux lettres qui se suivent dans chaque mot pour retrouver une ville française.

CABINE
ARRÊT
RIDEAU
QUARTZ

3
JUIN

☀ 5 h 51 ☀ 21 h 47

St Kevin

CA**BI**NE
ARRÊT
RIDEAU
QUAR**TZ**

BIARRITZ

Trouvez 5 mots se terminant par RISER.

	R	I	S	E	R
	R	I	S	E	R
	R	I	S	E	R
	R	I	S	E	R
	R	I	S	E	R

4

JUIN

5 h 50 21 h 48

Ste Clotilde

BRISER
FRISER
GRISER
IRISER
PRISER

• La forêt en a,
mais pas le bois;

• Le vôtre en a
mais pas le mien;

• La flûte en a
mais pas la guitare;

• Le dîner en a
mais pas le souper;

• Le trône en a
mais pas la chaise;

• Le chêne en a
mais pas le sapin.

Qui suis-je?

5

JUIN

5 h 49 21 h 49

St Igor

L’accent circonflexe

Trouvez au moins **40 mots** en utilisant des lettres mitoyennes en vertical, horizontal ou en diagonal.
(3 lettres minimum)

T	R	C	E
S	A	I	A
F	U	N	R
Q	N	E	T

6
JUIN

☀ 5 h 49 ☀ 21 h 50

St Norbert

TRACE - RACE - RAIE - CRAIE - CIRAS - CIRANT - CRIAS - CRIE - CRIANT - ÉCRIANT - ÉCRAN - SUAI - USAI - FUIR - FUIRA - FARS - FAN - FANER - FANERAI - QUAI - QUI - QUE - QUART - TRIAS - TRIÉ - TRAIE - TRAC - TRACAS - FUN - UNIRA - UNE - NUE - NUER - RAINE - TRAÎNE - TRAÎNERA - RAS - TAS - ARTS - TÉNIA - RENIA - CINÉ - AIR - AIRE - CARTE - CARNET - CARNE - ARC - ARCANE - SAC - CAS - TAIRA - AUNE - FACE - FARCIE - FARCE - TARIN - TAIN - TAC - UNIE - TENUS - RIRAS - IRAS - ARIA - SAINE - FAUNE - USANTE - SUANT - SANTÉ

Remettez dans le bon ordre les lettres composant le nom de ce personnage célèbre.

FRANÇOIS
DE DINNEUILLE
Médecin & romancier

1894-1961

Mort à crédit

7
JUIN

5 h 48 21 h 51

St Gilbert

Louis-Ferdinand Céline

Reliez ces planètes

sans repasser deux fois
sur le tracé blanc.

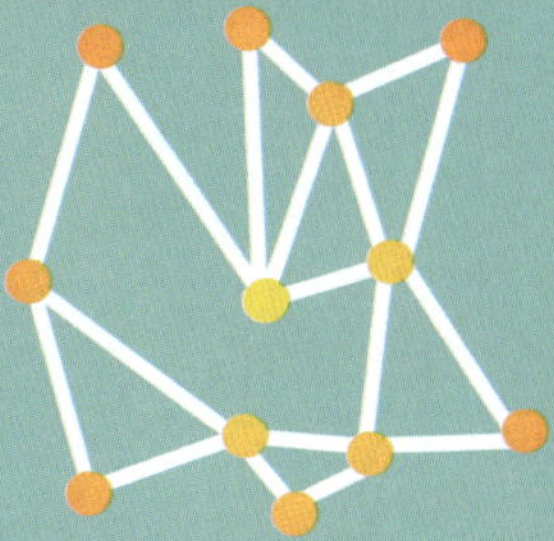

8

JUIN

☀ 5 h 48 ☀ 21 h 51

St Médard

Retrouvez le nom et prénom d'actrices dans ces **anagrammes**.

Marie Phasueco
Martine Celencelie
Bérénice Hermil

9
JUIN

5 h 48 21 h 52

Ste Diane

SOPHIE MARCEAU
CLÉMENTINE CÉLARIÉ
MICHÈLE BERNIER

Trouvez la solution à ces **énigmes.**

 + Épiderme

 + Rate

 + Aube

10

JUIN

5 h 47 21 h 53

St Landry

CHAT - PEAU =
CHAPEAU

CHAT - LOUPE =
CHALOUPE

CHAT - TÔT =
CHÂTEAU

Placez des chiffres,
tous différents,
pour compléter cette
addition.

+			
+		5	
	5		

11
JUIN

5 h 47 21 h 53

St Barnabé

$$\begin{array}{r} 028 \\ +167 \\ +\ 359 \\ \hline =\ 554 \end{array}$$

Reliez ces **spécialités** gastronomiques à leur **région** d'origine.

LA GALETTE SAUCISSE •
L'ENTRECÔTE BERCY •
LE CASSOULET •
L'AÏOLI •
LE CHOU FARCI •
LE CONFIT DE CANARD •

• MIDI-PYRÉNÉES
• AQUITAINE
• BRETAGNE
• PROVENCE-CÔTE D'AZUR
• AUVERGNE-RHÔNE-ALPES
• ILE-DE-FRANCE

12
JUIN

5 h 47 21 h 54

St Guy

LA GALETTE SAUCISSE
BRETAGNE

L'ENTRECÔTE BERCY
ILE-DE-FRANCE

CASSOULET
MIDI-PYRÉNÉES

L'AÏOLI
PROVENCE-CÔTE D'AZUR

CHOU FARCI
AUVERGNE-RHÔNE-ALPES

CONFIT DE CANARD
AQUITAINE

Déplacez une seule
allumette
pour rectifier cette égalité.

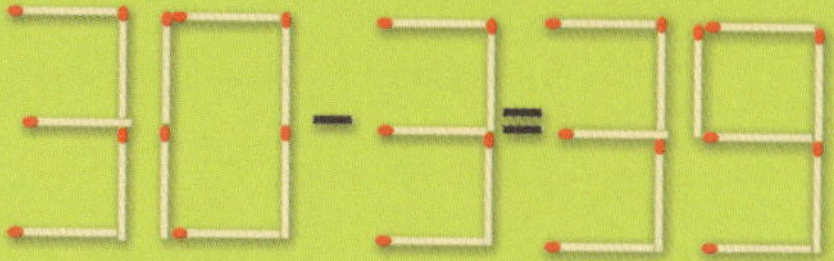

13

JUIN

5 h 47 21 h 55

St Antoine de Padoue

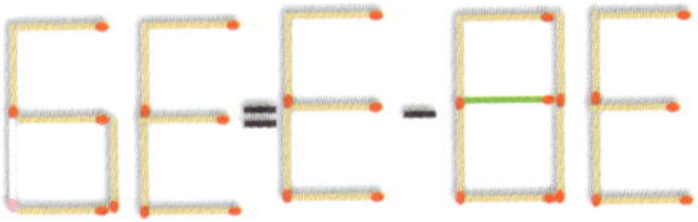

PSITTACIDES

n. m.

• Famille des oiseaux grimpeurs comme le perroquet.
• Personnes dépendantes des boissons gazeuses.
• Boissons fabriquées à partir d'extraits de fruits et gazéifiées.

14

JUIN

5 h 47 21 h 55

St Élisée

Famille des oiseaux
grimpeurs
comme le perroquet.

Quelle expression se cache dans ce dingbat?

oignon

oignons

15
JUIN

5 h 46 21 h 56

Ste Germaine

Faire revenir les oignons.

Décryptez ce
message.

OéNnÀEFAùITË
PAêSÔUnÉeOÈ
MeLEÙTÀtEsANS
ÀCaÊSsÙER
D'ŒÉuÈFS

16
JUIN

5 h 46 21 h 56
Fête des pères
St Jean-François Régis

ON NE FAIT PAS
UNE OMELETTE
SANS CASSER
D'ŒUFS.

Supprimer
les caractères
accentués.

Placez trois signes
pour trouver 60.

4 .. 4 .. 4 .. 4 = 60

17
JUIN

☀ 5 h 46 ☀ 21 h 57

St Hervé

$$4 \times 4 \times 4 - 4 = 60$$

Reliez toutes les cases en ne passant qu'une seule fois dans chacune.

18

JUIN

☀ 5 h 46 ☀ 21 h 57

St Léonce

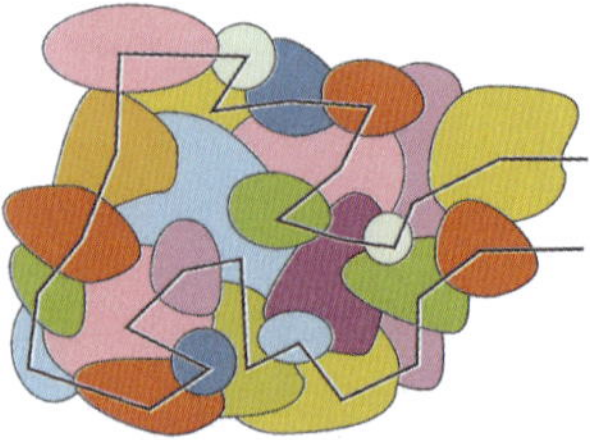

Quel chiffre doit venir dans le dernier cercle ?

19

JUIN

5 h 47 21 h 57

St Romuald

Addition des multiplications en diagonale.

Associez un fruit
à ces verbes pour retrouver une expression:

SOURIRE - PRESSER - ROUGIR

20
JUIN

☀ 5 h 47 ☀ 21 h 57

Été • St Silvère

Avoir la banane
Presser le citron
Rougir comme une tomate

Vrai ou faux ?

LA BUTTE MONTMARTRE,

le point le plus haut de Paris, culmine à 520 m au-dessus du niveau de la mer.

21

JUIN

☀ 5 h 47 ☀ 21 h 58

St Rodolphe

Faux,
seulement 130 m.

Ce bateau est vu de **BABORD** ou de **TRIBORD?**

22

JUIN

5 h 47 21 h 58

St Alban

BABORD

C'est le côté gauche du bateau (sens de la marche).

Connaissez-vous au **moins**

10 noms de chiens célèbres

au cinéma ou dans la BD?

23

JUIN

5 h 47 21 h 58

Ste Audrey

BELLE et Sébastien
BEETHOVEN
Boule et BILL
CROC-BLANC
CROCKDUR
CUBITUS
DROOPY
GAI-LURON
GROMIT
IDÉFIX
LADY
LASSIE
MABROUK
MILOU
MIRZA
PERDITA
PIF
PLUTO
RANTANPLAN
ROX
SCOOBY-DOO
SNOOPY...

Trouvez au moins
30 mots dont les lettres
se suivent dans le même
ordre que dans le mot
ci-dessous.
(3 lettres minimum)

CONTRAIREMENT

24

JUIN

☀ 5 h 48 ☀ 21 h 58

Fête nat. Québec
St Jean-Baptiste

COIN - CONTRAIRE - TRAIRE -
CON - CAME -CIME - CIRE -
CARME - CRAIE - RAIE - TRAIE -
TRAIT - TRIE - ORME - CONTE -
RAIRE - TAIRE - CRÈME - TARE -
TIRE - TRIME - TRAME - TIEN -
RIEN - TIENT - CENT - TANT -
TAIE - CRAME - CRIME -
CORÉEN - NIÉ - CONTRE -
COTRE - COTÉE - CÔTÉ - COÏT -
TIRET - RIRE - RARE -
CRAN - CRIÉE - RAREMENT -
CIMENT - AIRE - AIME -

Les règles sont les mêmes
que pour le **sudoku**.

		3		
		4		
				2
5				1

25
JUIN

5 h 48 21 h 58

St Prosper

2	1	3	5	4
4	5	1	2	3
3	2	4	1	5
1	3	5	4	2
5	4	2	3	1

Homophones

Trouvez les mots qui se prononcent pareil avec les définitions.

Passage - Tour de cou
Passoire - Potion magique
Réclamation - Bas de mur

26
JUIN

5 h 48 21 h 58

St Anthelme

COL

Filtre - Philtre

Plainte - Plinthe

Trouvez
l'expression
qui se cache
dans ce dingbat.

JEU

27
JUIN

5 h 49 21 h 58

St Fernand

Sortie de jeu

Placez des chiffres tous différents,
pour obtenir 12 avec le centre et 2 pétales de même couleur.

28
JUIN

5 h 49 21 h 58

St Irénée

0
2
5
8
3
1
4
9
7

Complétez la grille

pour obtenir 3 mots verticalement et horizontalement.

	E		B	
I		A		C
	I		E	
R		T		I
	T		I	

29

JUIN

5 h 50 · 21 h 58

St Pierre, St Paul

V	E	R	B	E
I		A		C
V	I	S	E	R
R		T		I
E	T	A	I	N

Trouvez les mots qui ont "i" en commun.

Une même couleur représente une même lettre.

30

JUIN

5 h 50 21 h 58

St Martial

LIVRE
VIVRE
VITRE
LITRE
TIARE

Homophones

Trouvez les mots qui se prononcent **pareil**

avec les définitions.

Moitié - Plantation
Coordonnées - Habileté
Décor - Prétexte

1er

JUILLET

5 h 51 21 h 58

Fête nat. Canada
St Thierry

Semi - semis
Adresse
Motif

Trouvez au moins
40 mots en utilisant des lettres mitoyennes en vertical, horizontal ou en diagonal.
(3 lettres minimum)

O	S	E	N
U	P	S	D
I	M	E	R
V	L	A	T

2
JUILLET

5 h 52 21 h 57

St Martinien

OUI - OSES - POSES - PÈSERA -
PILERA - PILES - VÎMES - VILES -
MER - MUSES - MARES -
MERDES - MES - SEMI - SENS
- PUSSE - LARES - LAMES -
LIMERA - LIMES - RAMES - RAT
- RÂLES - REPOS - REPOSES
- REPUS - TARES - TRÈS -
TRÉMA - SERT - DEMI - DER -
ÉPILÂTES - ÉPILER - ÉPILA
- ÉPILES - PUMA - POUSSE -
POUSSERA - PUSSE - MESSE -
TRESSE - ARES - MATES - MILES
- ÉMUS - RAMI - DRAMES - ART
- LARDES - AMERS - AMI

Les règles sont les mêmes que pour le **sudoku**.

d		4				=	s	
							b	3
r			s	q				
s	b		3				r	
	r		d	s				4
			E			d		
	s	q			E			
				b	3			=
E	=			d		4		

3

JUILLET

5 h 52 21 h 57

St Thomas

d	E	4	b	3	r	=	s	q
=	q	s	4	E	d	r	b	3
r	3	b	s	q	=	E	4	d
s	b	d	3	=	4	q	r	E
3	r	E	d	s	q	b	=	4
q	4	=	E	r	b	d	3	s
b	s	q	=	4	E	3	d	r
4	d	r	q	b	3	s	E	=
E	=	3	r	d	s	4	q	b

Faites deux groupes de quatre **boules** de même total.

4
JUILLET

5 h 53 21 h 57

St Florent

$$1+2+7+8 = 3+4+5+6$$

$$1+3+6+8 = 2+4+5+7$$

$$1+4+5+8 = 2+3+6+7$$

$$1+4+6+7 = 2+3+5+8$$

Le prénom et le nom
de ces garçons utilisent
les mêmes lettres
que celles de présentateurs
de télévision:

OLIVIER PHAPDBUP
LUCIEN FATOJAREUPER
CEDRIC KRUMHEL

5
JUILLET

5 h 54 21 h 56

St Antoine

PHILIPPE BOUVARD
JEAN-PIERRE
FOUCAULT
MICHEL DRUCKER

Quels os composent le bras?

HUMÉRUS
CUBITUS
PÉRONÉ
TIBIA
PLEXUS
RADIUS

6
JUILLET

5 h 54 21 h 56

Ste Mariette

HUMÉRUS
CUBITUS
RADIUS

Quelle **expression** **se cache** dans ce dingbat?

FRAPE

7

JUILLET

5 h 55 21 h 55

St Raoul

Une faute de frappe

Il manque une même **syllabe** à la fin de ces mots.

SER →
LI →
DÉ →

STER →
VIR →
DÉB →

8

JUILLET

☀ 5 h 56 ☀ 21 h 55

St Thibault

serMON - liMON - déMON
sterILE - virILE - débILE

À chaque monument son **dôme**.

A B C D E F

Le Taj Mahal à Agra en Inde

La cathédrale Santa Maria del Fiore à Florence

La Mosquée bleue à Istanbul

La chapelle de La Sorbonne à Paris

La Grande Mosquée de Kairouan

Le Panthéon à Paris

9

JUILLET

5 h 57 21 h 54

Ste Amandine

A - Le Panthéon à Paris

B - La Grande Mosquée de Kairouan

C - La Mosquée bleue à Istanbul

D - La cathédrale Santa Maria del Fiore à Florence

E - Le Taj Mahal à Agra en Inde

F - La chapelle de La Sorbonne à Paris

Dans quel sens
faut-il tourner la roue violette pour qu'à l'autre extrémité la roue tourne dans le sens indiqué?

10
JUILLET

5 h 58 21 h 54

St Ulrich

Flèche rouge.

Quel **animal** n'est pas un insecte?

- **L'araignée**
- **Le grillon**
- **Le scarabée**
- **La fourmi**
- **Le mille-pattes**

11

JUILLET

☀ 5 h 59 ☀ 21 h 53

Ste Olga, St Benoît

L'ARAIGNÉE.

Quelle est la bonne définition ?

ANATOLIE n.f

- Maladie déformant les muscles
- Petite fleur de la famille des edelweiss
- Ancien nom de la Turquie
- Jeu de mots consistant à mélanger les lettres
- Intervention de chirurgie réparatrice

12

JUILLET

6 h 00 21 h 52

St Olivier

Ancien nom
de la Turquie

Quel est le **prénom** de ces hommes célèbres
dont le nom est cet animal?

Michel
Cyril
Yves

Jean-Paul
Serge
Édouard

Jean-François
Jean-Michel
Hugues

13
JUILLET

☀ 6 h 01 ☀ 21 h 51

St Henri, St Joël

Yves Lecoq
Serge Lama
Jean-Michel Jarre

L’anagramme

du nom et du prénom de ces dames vous montrera d’où elles sont habitantes.

Éloïse Brong
Mélissa Larie
Annie Cos

14

JUILLET

6 h 02 21 h 51

Fête nationale • St Camille

GRENOBLOISE
MARSEILLAISE
CANNOISE

Les académiciens
sont reçus sous la coupole
et non sous le dôme
de l'Institut de France.

Pourquoi ?

15
JUILLET

6 h 03 21 h 50

St Donald

La coupole est la partie interne d'un dôme.

Trouvez au moins
30 mots
en utilisant les lettres
mitoyennes

A	B	R	T
S	I	O	U
E	L	N	E

16
JUILLET

6 h 04 21 h 49

Notre-Dame du Mont Carmel

ABRI - AIR - AISE - AILE - AINE
ASIE - BOUE - BIO - BIS - BISE
BRISE - BAISÉ - BAS - BAIE
BASE - BAS - BON - BOL - BOISÉ
BRIN - BOIS - BILE - BOUT
BRIN - BROU - BRIE - ÎLE - ÎLOT
LOT - LOI - NOIR - NOISE - TÔLE
TOILE - TOISE - TUNE - TON
TRI - TROIS - TROU - TRÔNE
TOI - TUNIS - ROI - RUE - ROUE
RÔLE - SILO - SEINE - SIR - SEL
SELON - OIE - OISE

FAISANDEAU n.m

- Morceau de viande faisandée
- Jeune faisan
- Plat à base de viande faisandée
- Récipient pour le faisandage
- Jeune homme amoureux

17
JUILLET

☀ 6 h 05 ☀ 21 h 48

Ste Charlotte

Jeune faisan.

«L'appel du 18 juin» du Général de Gaulle annonçait:

- Le débarquement de Normandie
- La fin de la Guerre mondiale
- Le début de la collaboration avec l'Allemagne
- La poursuite de la lutte contre le nazisme
- La création du gouvernement de Vichy

18

JUILLET

6 h 06 21 h 47

St Frédéric

La poursuite
de la lutte
contre le
nazisme.

La nuit de la Saint-Barthélémy

a été:

- Un soulèvement des esclaves dans les Antilles
- Le massacre des protestants par les catholiques
- L'officialisation des Antilles comme territoire français
- L'arrivée des premiers Français aux Antilles, à Saint Barthélemy
- Catherine de Médicis scelle un pacte entre des catholiqes et des protestants

Le massacre des
protestants
par les catholiques

Chassez **l'intrus**.

20

JUILLET

☀ 6 h 08 ☀ 21 h 45

Ste Marina

Le demi-cercle tourne
dans le sens inverse.

Trouvez au moins **40 mots** en utilisant des lettres mitoyennes en vertical, horizontal ou diagonal. (3 lettres minimum)

R	D	A	Y
O	B	V	E
I	L	O	E
T	E	S	R

21

JUILLET

6 h 09 21 h 44

Fête nat. Belgique

St Daniel, St Victor

DOIT - BOIT - LOI - BOÎTES - ROI - DOLES - DOL - BOL - BOLET - BILES - RÔLES - SOL - SOLE - VOS - SORE - OSÉE - ROSE - ROSÉE - AY - BAYÉE - BLÉS - OLÉ - RÊVE - VOLS - VOLÉS - LITS - LITÉS - BITES - BILES - ADO - LIÉS - AVÉ - SEL - LESÉE - LÉSER - TEL - LET - RÉE - ORÉE - ORES - BAVE - BAVER - RÔDA - OBOLES - LOVE - VOLET...

HOMOPHONES

Retrouvez les mots qui se **prononcent pareil**.

PAS LOIN - À PEU PRÈS
IL A SA FLEUR - ASSISE
HUTTE - CARRÉ

22
JUILLET

6 h 11 21 h 43

Ste Marie-Madeleine

ENVIRON
SEL - SELLE
CASE

Retrouvez ces mots dont

seule la première lettre change.

	O	U	C	H	E
	O	U	C	H	E
	O	U	C	H	E
	O	U	C	H	E
	O	U	C	H	E
	O	U	C	H	E

23

JUILLET

6 h 12 21 h 42

Ste Brigitte

BOUCHE
COUCHE
DOUCHE
LOUCHE
MOUCHE
SOUCHE
TOUCHE

Les règles sont les mêmes que pour le **sudoku** avec les lettres du mot

ANTICORPS.

N							S	
						A		T
	P	R						
S					P	T		C
	C				R			O
I			N			P		
	S		R					I
	O	I	S				C	
		N			C		P	

24

JUILLET

6 h 13 21 h 40

Ste Christine, Ste Ségolène

N	T	A	C	O	I	R	S	P
C	I	S	P	R	N	A	O	T
O	P	R	A	T	S	C	I	N
S	N	O	I	A	P	T	R	C
A	C	P	T	S	R	I	N	O
I	R	T	N	C	O	P	A	S
P	S	C	R	N	A	O	T	I
R	O	I	S	P	T	N	C	A
T	A	N	O	I	C	S	P	R

Trouvez au moins **30 mots** dont les lettres se suivent dans le même ordre que dans le mot ci-dessous.
(3 lettres minimum)

TRAVESTISME

Exemple :
T R E S

25
JUILLET
6 h 14 21 h 39
St Jacques

TRÈS - TRAVESTIS - TRAVÉE -
VESTE - VISE - RAVE - RIME -
RESTE- TEST - TESTE - TASSE -
TAIS - TRESSE - TRIME - TRAME -
RAVIS - RATE - TÂTE - RAME -
RIME - TRISSE - AVE - TATI - TAIE -
RAIE - AVISE - RASE - RIE - TRAIE -
VESSE - ASSE - AVIS - AISE -
AIME - VÊTIS

Trouvez la phrase qui se cache dans ce dingbat

TA7NT

26
JUILLET

6 h 15 21 h 38

Ste Anne, St Joachim

C'EST TENTANT!

7 en tant

Trouvez le bon chemin.

27
JUILLET

☀ 6 h 17 ☀ 21 h 37

Ste Nathalie

En mélangeant les lettres de ces mots, trouvez des professions.

LICENCE + RITE = ...

ODORAT + LÉGUME = ...

ROUTE + CUIR = ...

licence + rite =
électricien

odorat + légume =
dermatologue

route + cuir =
couturier

Trouvez au moins **40 mots** en utilisant des lettres mitoyennes en vertical, horizontal ou en diagonal. (3 lettres minimum)

I	D	R	L
S	O	E	S
P	M	N	T
A	R	I	E

29

JUILLET

☀ 6 h 19 ☀ 21 h 34

Ste Marthe

DONS - DONT - DOPA - DORES - DORENT - MORES - RENTE - RESTE - TER - LENTE - LEST - RIENT - RIEN - ARIEN - PARIE - PARIENT - MARI - MARIE - MARIENT - MARNES - MARIN - MARINE - MARINER - MIEN - MINE - MINER - SPA - DIS - DOIS - DÉS - RENIÉ - TIRA - RITES - MONT - MONTER - MONTÉS - DENTS - DENTÉ - PRES - PONT - PONTER - PONTÉS - SPORES - MOIS - MODES - RODES - PARITÉ - SONT - SON - NOS - SORS - ORES - MER - NIET - TIEN - PRIE - PRIENT - PARME - RAMONS - DOMINER - MENTE

Remettez dans le bon ordre les lettres composant le nom de ce personnage célèbre.

Gaston REURUIE

Peintre impressionniste

MOULIN DE LA GALETTE

30

JUILLET

☀ 6 h 21 ☀ 21 h 33

Ste Juliette

AUGUSTE RENOIR

Trouvez
l'expression
qui se cache
dans ce dingbat.

PING
PONG

31
JUILLET

6 h 22 21 h 31

St Ignace de Loyola

Une partie
de ping pong

Utilisez 2 lettres qui se suivent dans chaque mot pour retrouver une ville française.

AUTO
MOULE
FOUR
BISE

1er
AOÛT

6 h 23 21 h 30
Fête nat. Suisse
St Alphonse

AUTO
MOULE
FOUR
BISE

TOULOUSE

Complétez la grille pour obtenir 3 **mots**

verticalement et horizontalement.

	A		O	
L		A		A
	R		E	
N		T		T
	R		M	

2

AOÛT

6 h 25 21 h 28

St Julien

B	A	T	O	N
L		A		A
A	R	R	E	T
N		T		T
C	R	E	M	E

Trouvez au moins
30 mots dont les lettres se suivent dans le même ordre que dans le mot ci-dessous.
(3 lettres minimum)

MANDIBULAIRE

3
AOÛT
6 h 26 21 h 27
Ste Lydie

MAIRE - MÂLE - MARE - MIRE -
MULE - MÛRE - MANIE - MAULE
- DIRE - DURE - BURE - BLAIRE
- BUE - DUE - NUE - MUE -
MILE - MIL - ÎLE - LAIE - MAIE
- NIÉ - ANAR - BLÉ - ANA -AIRE
- AILE - MAURE - NUIRE - NUL
- LIRE - ÂNE - ADULE - BAR -
MANU - MAIL - MANDIB - ULE
- MADRÉ - MAI - BAIE

Les règles sont les mêmes que pour le **sudoku** avec les lettres du mot **DINOSAURE**.

E		I	R	S			A	
	R					S		
								R
O				I	S		N	
I				A				E
		A			E		I	
		N						
R			O		A		S	U
	E					D		

4

AOÛT

6 h 27 21 h 25

St Jean-Marie Vianney

E	D	I	R	S	U	N	A	O
N	R	U	A	O	I	S	E	D
S	A	O	E	D	N	I	U	R
O	U	E	D	I	S	R	N	A
I	S	R	N	A	O	U	D	E
D	N	A	U	R	E	O	I	S
U	O	N	S	E	D	A	R	I
R	I	D	O	N	A	E	S	U
A	E	S	I	U	R	D	O	N

Trouvez l'expression qui se cache dans ce dingbat.

5

AOÛT

6 h 29 21 h 24

St Abel

BAISSER LA GARDE

Placez des chiffres tous différents, pour obtenir 15 avec le centre et 2 pétales de même couleur.

6

AOÛT

☀ 6 h 30 ☀ 21 h 22

St Octavien

8
4
7
6
9
0
2
5
1

Trouvez les mots qui ont A en commun.

Une même couleur représente une même lettre.

7

AOÛT

6 h 31 21 h 21

St Gaétan

TARD
DARD
TARE
RATE
DATE

Trouvez la **couleur** qui s'associe à ces mots.

PATTE
RIRE
CARNET
BILLET
FIL
BALLET

8

AOÛT

6 h 33 21 h 19

St Dominique

PATTE BLANCHE
RIRE JAUNE
CARNET ROSE
BILLET VERT
FIL ROUGE
BALLET ROSE

Comment remplir logiquement **le dernier carré?**

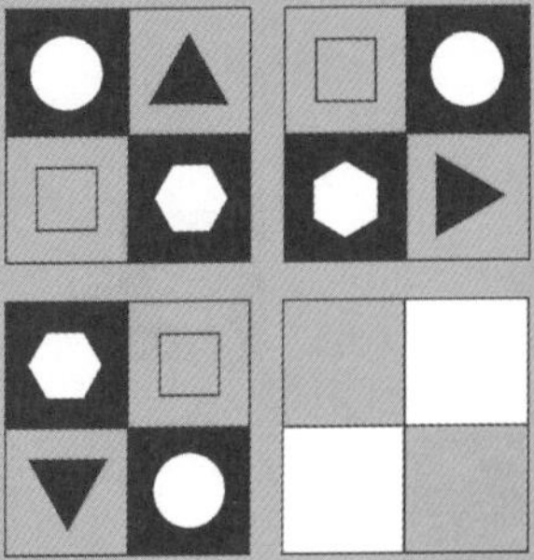

9

AOÛT

6 h 34 21 h 17

St Amour

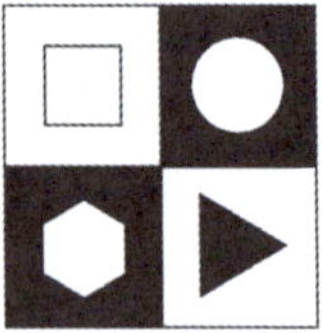

Retrouvez les **mots.**

Une même couleur
représente une même lettre.

10

AOÛT

6 h 36 21 h 16

St Laurent

OBOLE

BOL

O

Combien de **cercles** dans cette figure?

11

AOÛT

6 h 37 21 h 14

Ste Claire

Il suffit de compter
1 série de cercles, soit 9 cercles, et multiplier par 4 puisque la figure est symétrique sur 2 axes.

9 x 4 = 36 + le grand cercle extérieur commun à chaque ensemble, soit 37 cercles.

Retrouvez les **mots.**

Une même couleur
représente une même lettre.

12
AOÛT

6 h 38 21 h 12

Ste Clarisse

FORÊT
BOLET
GODET
GORET
VOLET

Trouvez au moins **40 mots** en utilisant des lettres mitoyennes en vertical, horizontal ou diagonale. (3 lettres minimum)

D	S	P	O
E	A	R	N
R	D	E	T
I	S	E	S

13
AOÛT

6 h 40 21 h 10

St Hippolyte

DÉRIDERAS - DÉS - DARDES
- PONTS - PONTES - PRO
- PROTES - RIDÉES - RIDAS -
DER - SARDES - PRÉS - TEES
- PRÊTES - PARTS - PARÉES -
ORÉES - ORES - ORDRE - ONT
- DENTS - DENTÉS - PARIS
- SARIS - ARES - PORES - SPA -
RISÉES - SET - EST -
IRAS - SENT - RENTES - TER
- TRÈS - RÉES - RADES - ARTS -
SIRES - RASER - SES - DÉRIDENT
- DÉRIDÉES...

Quel est **l'intrus?**

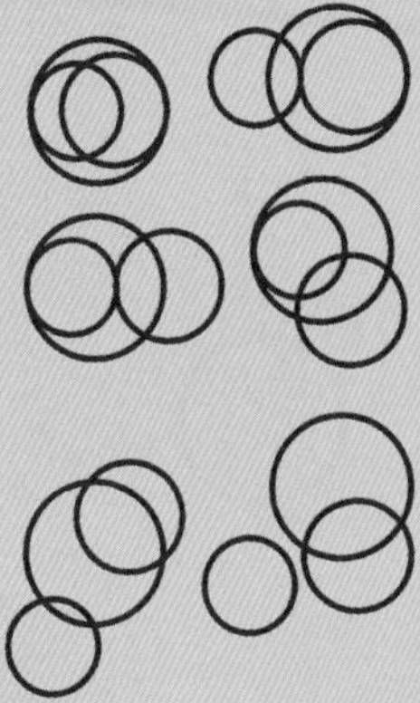

14

AOÛT

6 h 41 21 h 09

St Évrard

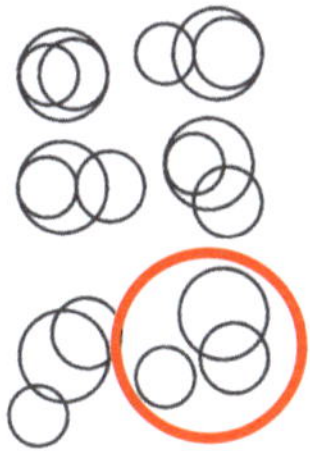

1 cercle est isolé.

Quels astronautes n'ont pas été sur la Lune?

- NEIL AMSTRONG
- YOURI GAGARINE
- VALENTINA TERECHKOVA
- PATRICK BAUDRY
- JEAN-LOUP CHRÉTIEN

15
AOÛT

6 h 43 21 h 07

Assomption • Ste Marie

Dans cette liste,
seul Neil Amstrong
a marché sur la Lune.

Retrouvez une
comédienne
cachée dans ce texte.

Cet automne,
les pommes ont mûri;
elles ont une belle robe,
un peu rouge sur
fond ocre.

16
AOÛT

6 h 44 21 h 05

St Armel, St Roch

Cet automne,
les pommes ont **mûri**;
elles ont une belle
robe,
un peu rouge sur fond
ocre.

MURIEL ROBIN

Retrouvez les **prénoms** masculins cachés dans ces **anagrammes**.

Grise
Prière
Tangos
Picrate
Bonite
Inverse

Clamer
Ducale
Voilier
Médian
Regard

17
AOÛT

☀ 6 h 45 ☀ 21 h 03

Ste Jeanne

Grise = Régis
Prière = Pierre
Tangos = Gaston
Picrate = Patrice
Bonite = Benoît
Inverse = Séverin
Clamer = Marcel
Ducale = Claude
Voilier = Olivier
Médian = Damien
Regard = Gérard

Retrouvez les deux maillots identiques.

18

AOÛT

6 h 47 21 h 01

Ste Hélène

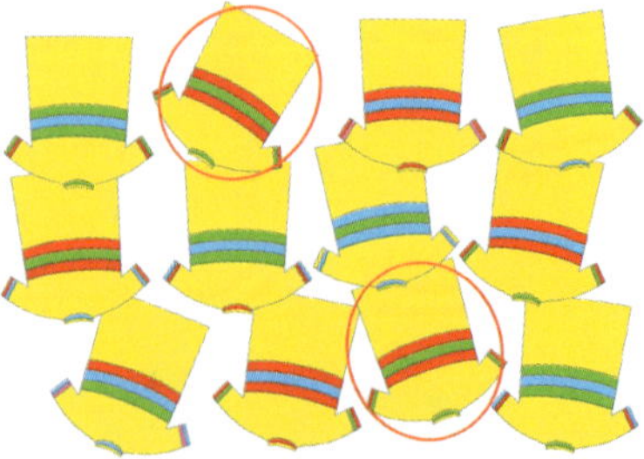

À l'aide des définitions, **complétez cette grille** qui se lit à l'horizontale et à la verticale.

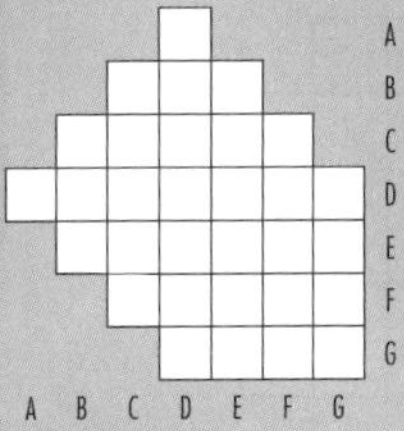

A - Homonyme d'une boisson chaude

B - Pour les Anglais

C - Interdit dans les lieux publics

D - Pastis et grenadine

E - Il ne faut pas qu'elle se décolle

F - Mammifère des régions froides

G - Dans l'Orne

19
AOÛT

6 h 48 20 h 59

St Jean Eudes

			T			
		F	O	R		
	F	U	M	E	R	
T	O	M	A	T	E	S
	R	E	T	I	N	E
		R	E	N	N	E
			S	E	E	S

Trouvez au moins
30 mots en utilisant
des lettres mitoyennes en
verticale, horizontale
ou diagonale.
(3 lettres minimum)

S	A	I	S
E	R	E	U
U	T	R	O
V	I	S	E

20
AOÛT

6 h 50 · 20 h 58

St Bernard

ART - AISE - AÉRER - AIRE - ARE
TROU - TROUER - TUER - TERRE
TRI - TIR - TIRER - VISER - VIS
VUE - VIRER - VITE - VITRE
VITRER - SOUS - SUER - SERTIR
SÛRETÉ - SERT - SITE - SÉRIE
ÊTRE - EURO - ÈRE - ÉTUIS - EST
RUE - RASE - ROSE - ROUE
RUT - RAIE - ROUER

Trouvez un chemin pour sortir du labyrinthe.

21
AOÛT

6 h 51 20 h 56

St Christophe

Noircir les cases
selon les chiffres indiqués.

	2	1	3	2	3	2	2
1							
1							
2							
3							
1							
4							
3							

22
AOÛT

6 h 52 20 h 54

St Fabrice

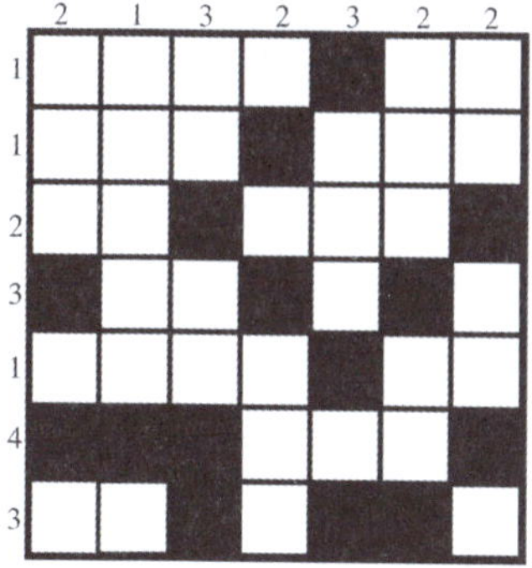

2 1 3 2 3 2 2
1
1
2
3
1
4
3

Complétez la **grille**

à l'aide des définitions, sachant qu'une seule lettre est enlevée à la ligne précédente.

Plante aromatique
Compilation
Piège
Pronom masculin
Peut attendre
Peut ouvrir les champs
Démonstratif
La troisième

23

AOÛT

6 h 54 20 h 52

Ste Rose

C	E	R	F	E	U	I	L
R	E	C	U	E	I	L	
É	C	U	E	I	L		
C	E	L	U	I			
C	I	E	L				
C	L	É					
C	E						
C							

Faites le tour de ce jardin en passant par toutes les places, sans passer 2 fois sur le même chemin. Plusieurs solutions sont possibles.

24

AOÛT

6 h 55 20 h 50

St Barthélemy

Placez des chiffres tous différents, pour obtenir 20 aux centres.

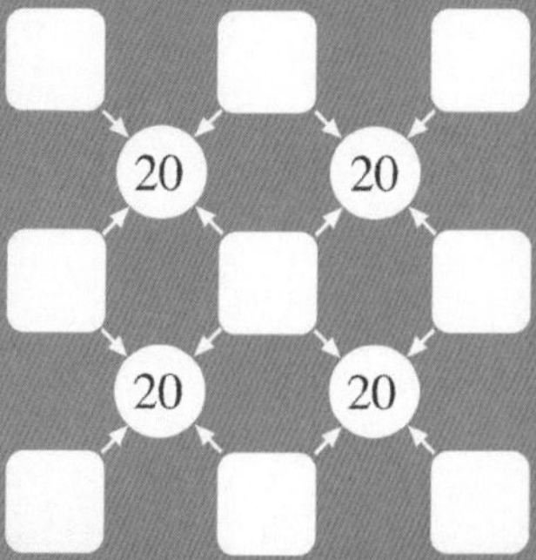

25
AOÛT

6 h 57 20 h 48

St Louis

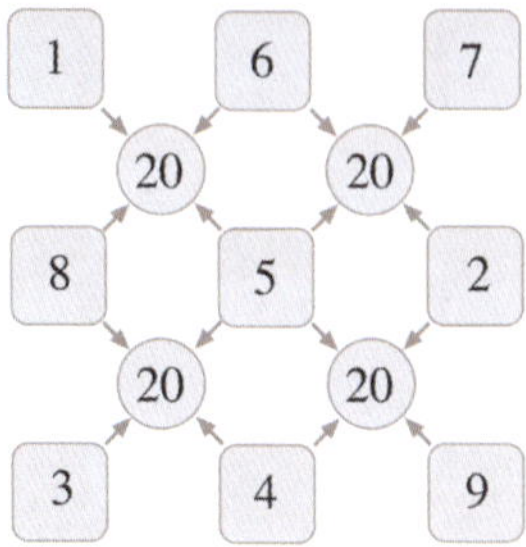
1
6
7
20
20
8
5
2
20
20
3
4
9

Horizontal ET vertical

1 - À ne pas perdre
2 - Tenter
3 - Quittance
4 - Fournie

	1	2	3	4
1				
2				
3				
4				

26
AOÛT

6 h 58 20 h 46

Ste Natacha

	1	2	3	4
1	N	O	R	D
2	O	S	E	R
3	R	E	C	U
4	D	R	U	E

Trouvez les **mots** qui ont A en commun

Une même couleur représente une même lettre.

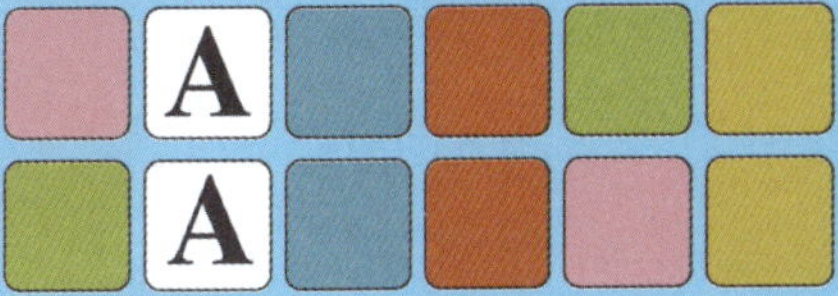

27

AOÛT

7 h 00 20 h 44

Ste Monique

VALISE
SALIVE

Mots enchaînés.

Complétez de façon à ce que la **syllabe** qui termine le premier mot corresponde à celle commençant le second etc...

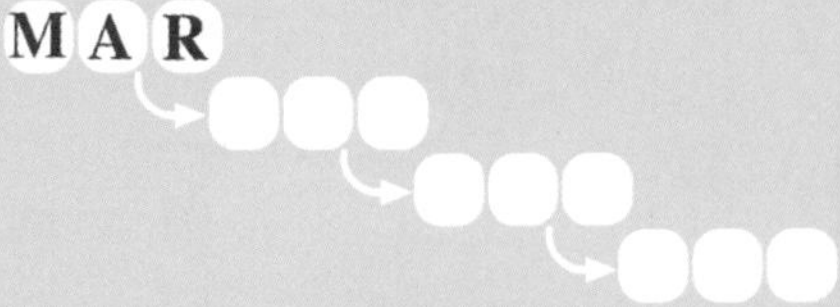

28

AOÛT

7 h 01 20 h 42

St Augustin

MAR
CHE
MIN
UTE

Trouvez au moins **40 mots** en utilisant des lettres mitoyennes en verticale, horizontal ou en diagonal. (3 lettres minimum)

G	E	E	T
O	Z	R	D
U	O	A	I
M	T	H	V

29
AOÛT

7 h 02 20 h 40

Ste Sabine

GOÛT - GOÛTAI - GOUM - ZOO
ZÉE - REZ - ZÉRO - DIREZ - DIRE
RIDE -RIDEZ - TEE - RÉE
MOUTARDE - MOÛT - MORD
MORDE - MORDEZ - VIDE
VIDERA - VIDEZ - TAIRE - AIRE
HARDE - HORDE - GÉRAI - GÈRE
VIRE - VIREZ - VIRA - RAZ - ROTAI
DER - RADE - IREZ - ARE - RAIDE
TORÉE - TORÉEZ - MOTARD - ÈRE
MUTAI - ZOOM - ZUT - RAVI - RAT - ROT
ROM - HOU - HARDI

Trouvez l'expression qui se cache dans ce dingbat.

FA^{1}N

30
AOÛT

☀ 7 h 04 ☀ 20 h 38

St Fiacre

Élever un enfant.

élever 1 en fan.

Modifiez une **lettre** à

MAGE

pour en former 5 autres.

31

AOÛT

☀ 7 h 05 ☀ 20 h 36

St Aristide

CAGE
GAGE
RAGE
PAGE
SAGE

Trouvez des expressions

contenant une couleur
avec ces définitions.

- **Personne très connue**
- **Exciter**
- **Tout est identique**
- **Critiquer violemment**

1er

SEPTEMBRE

7 h 07 20 h 34

St Gilles

Connue comme
le loup blanc
Chauffer à blanc
La nuit tous
les chats sont gris
Tirer à boulets rouges

Complétez les **mots** horizontalement pour former 2 autres mots dans les colonnes rose.

	A		L	E
	T		L	E
	A		L	E
	G		O	O
	U		U	R

2

SEPTEMBRE

7 h 08 20 h 32

Ste Ingrid

FABLE
UTILE
SABLE
IGLOO
LUEUR

Complétez la **grille** pour obtenir 3 mots verticalement et horizontalement.

T		C		E
B		I		E
C		E		E

3

SEPTEMBRE

7 h 09 20 h 30

St Grégoire

T	A	C	H	E
A		R		B
B	R	I	S	E
A		S		N
C	R	E	P	E

Cette carte représente:

- L'Angleterrre ?
- Le Royaume-Uni ?
- La Grande-Bretagne ?

4

SEPTEMBRE

7 h 11 20 h 28

Ste Rosalie

L'Angleterre, l'Écosse et le pays de Galles forment la Grande-Bretagne.

La Grande-Bretagne avec l'Irlande du Nord forment le Royaume-Uni.

Avec les lettres de leur nom, retrouvez leur nationalité.

DIANE HALLOS
INES DARILA
IRENE VENGON

5

SEPTEMBRE

7 h 12 20 h 26

Ste Raïssa

DIANE HALLOS
Hollandaise

INES DARILA
Irlandaise

IRENE VENGON
Norvégienne

Combien de **différences** y a-t-il entre ces deux images?

6

SEPTEMBRE

☀ 7 h 14 ☀ 20 h 23

St Bertrand

Ces deux images sont parfaitement identiques.

Décryptez ce **message**

JoE ViOmUnS REbTRaOUiVERtAI
DiEMfAhIN SrOtIR À MjINUnIT
DERyRIzÈRE L'ÉwGiLIoSE

7

SEPTEMBRE

☀ 7 h 15 ☀ 20 h 21

Ste Reine

JE VOUS
RETROUVERAI
DEMAIN SOIR À
MINUIT DERRIÈRE
L'ÉGLISE.
Ne lire que les
majuscules.

J EVO U S RE TR OU VER AI
D EM A IN S O IR À M INU IT
DER RI ÈRE L É G LI SE

Modifiez une seule lettre à ces mots pour en trouver 3 autres pour chacun.

PAUSE
CÔTE
LIME

8
SEPTEMBRE

7 h 17 20 h 19

St Adrien

CAUSE - PAUME
PASSE

CÔNE - VOTE - NOTE
CODE

CIME - RIME - LAME
LICE - LIRE

GÉLIVURE n.f.

- Produit gélifiant pour confiture
- Enduit pour gravure à l'eau forte
- Fente, fissure due au gel
- Détérioration de la peau par le gel
- Période de gelées

9

SEPTEMBRE

☀ 7 h 18 ☀ 20 h 17

St Alain

Fente, fissure due au gel

VRAI ou FAUX?

Le homard bleu

breton devient rouge quand il est cuit.

10

SEPTEMBRE

☀ 7 h 19 ☀ 20 h 15

Ste Inès

VRAI.

Reliez les cases de même couleur sans croiser les tracés.

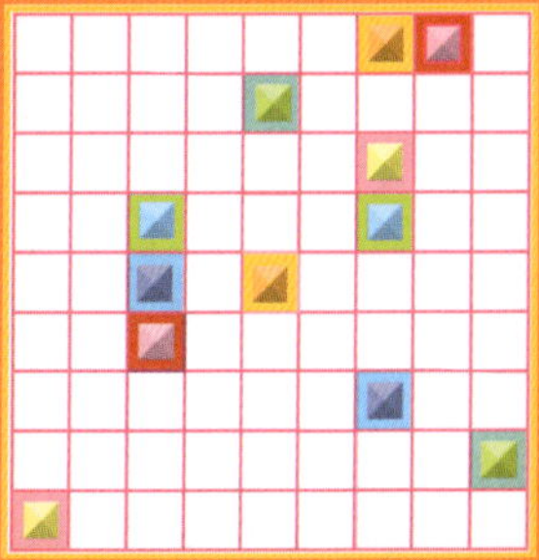

11

SEPTEMBRE

7 h 21 20 h 13

St Adelphe

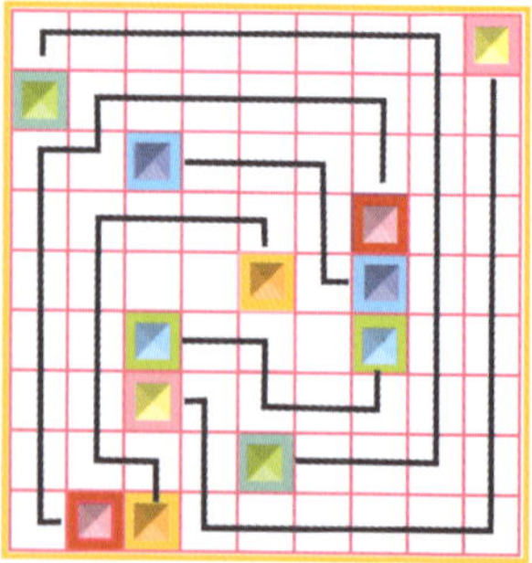

Leurs noms utilisent les
mêmes lettres
que le prénom et le nom
d'acteurs de cinéma.

PIERRE DUGRADADE
ADRIEN GRANLV
JOEL BAZDEMUBE

12
SEPTEMBRE

7 h 22 20 h 11

St Apollinaire

GÉRARD DEPARDIEU
GÉRARD LANVIN
JAMEL DEBBOUZE

Associez chaque animal avec un élément du visage pour trouver une expression
CHAT - PERDRIX - POULE
PUCE - VER

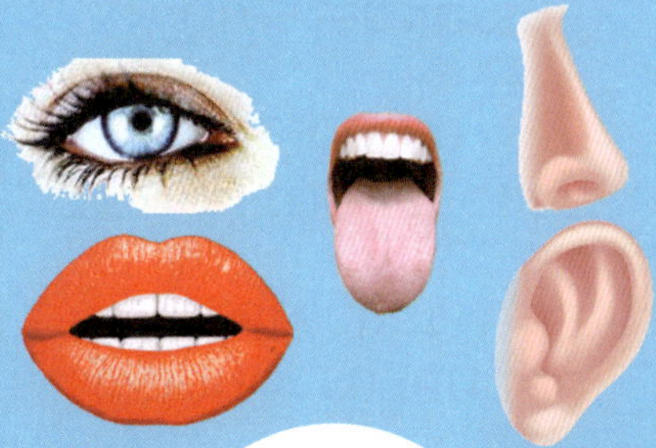

13
SEPTEMBRE

☀ 7 h 24 ☀ 20 h 09

St Aimé

Œil
de perdrix

Donner sa langue
au chat

Bouche en cul
de poule

Tirer les vers
du nez

La puce
à l'oreille

Retrouvez les **mots**.

Une même couleur
représente une même lettre.

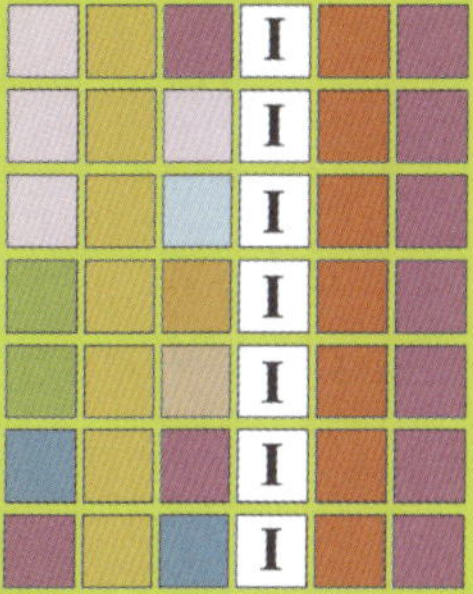

14

SEPTEMBRE

☀ 7 h 25 ☀ 20 h 07

Croix glorieuse

PARIER
PAPIER
PANIER
CAHIER
CASIER
VARIER
RAVIER

Trouvez les syllabes manquantes pour former trois mots.

S	E	R							
			↳						
					↳				
							↳ N	C	E

15

SEPTEMBRE

☀ 7 h 26 ☀ 20 h 04

St Roland

S E R
↳ V I R
↳ A G E
↳ N C E

Quel **produit** se **cache** dans ce dingbat?

16

SEPTEMBRE

7 h 28 · 20 h 02

Ste Édith

ALCOOL À 90°

"AL" colle à 90

Se prendre un pain

Connaissez-vous au moins **10 expressions** avec **pain?**

17

SEPTEMBRE

7 h 29 20 h 00

St Renaud

Pour une bouchée de pain
Ça ne mange pas de pain
Manger son pain blanc
Je ne mange pas de ce pain-là
Avoir du pain sur la planche
Enlever le pain de la bouche
Être au pain sec
Gagner son pain
Se vendre comme des petits pains
C'est du pain bénit
Donnez-nous notre pain quotidien
Être bon comme du bon pain
Ôter le pain de la bouche
Long comme un jour sans pain
Il ne vaut pas le pain qu'il mange...

Retrouvez les **mots.**

Une même couleur
représente une même lettre.

18

SEPTEMBRE

☀ 7 h 31 ☀ 19 h 58

Ste Nadège

SHORT
STOCK
CROIX
CHOIX
STORE
SCOUT

En utilisant deux lettres consécutives de chaque mot, retrouvez un animal.

MICHEL
REPOS
CHÂTEAU
PARENT

19
SEPTEMBRE

7 h 32 19 h 56

Ste Émilie

ÉLÉPHANT

Quel **produit** **se** **cache** dans ce dingbat?

Sa = net

20

SEPTEMBRE

7 h 34 19 h 54

St Jean-Charles

SAVONNETTE

sa vaut net

Trouvez les mots horizontalement pour former un mot dans la colonne jaune et un autre dans la colonne verte.

		T	E
		T	E
		R	D
		U	N
		R	F

21

SEPTEMBRE

7 h 35 19 h 52

St Matthieu

T	E	T	E
A	C	T	E
B	O	R	D
A	L	U	N
C	E	R	F

Trouvez 6 mots
de 7 lettres se terminant par
AIN.

				A	I	N
				A	I	N
				A	I	N
				A	I	N
				A	I	N
				A	I	N

22
SEPTEMBRE

7 h 36 19 h 49

Automne • St Maurice

SOUDAIN
CERTAIN
MONDAIN
POULAIN
TERRAIN
CHATAIN
ROUMAIN
REFRAIN
PARRAIN

Mots enchaînés

Complétez de façon à ce que la syllabe qui termine le premier mot corresponde à celle commençant le second etc...

23

SEPTEMBRE

7 h 38 19 h 47

St Constant

POR

CHE

VAL

EUR

OPE

Homophones

Trouvez les mots qui se prononcent pareil avec les définitions.

Rétribution - Médicament
Mauvaise - Trou
Errer - Mettre au point

24
SEPTEMBRE

7 h 39 19 h 45

St Anatole

CACHET
FAUSSE - FOSSE
RÔDER - RODER

Trouvez au moins **40 mots** en utilisant des lettres mitoyennes en vertical, horizontal ou en diagonal.
(3 lettres minimum)

A	N	I	X
P	D	S	U
F	O	V	E
M	E	R	I

25
SEPTEMBRE

7 h 41 19 h 43

St Hermann

ANIS - ANISÉ - ANISER - VIEUX - NIDS
EUX - VEUX - FORES - RÊVE
RÊVES - DANS - ORES - MORE
VIRE - VIRES - IVES - RIVES - DORES
PRÉS - RODA - DOS - SUÉ - USÉ
SUER - USER - SÈVE - VUES
REVUES - IRES - MER - FER - DÎNA
PANSE - DANSE - DANSER - VOS
ANSE - ÈRES - MÈRES - POSER - OSER
DOSER - ROSE - DIX - SIX - FÉRIÉ
FÈVE - ROM - MORVES - ROSI - IVRES
VIES - ÉVIER - PANSUE...

Remettez dans le bon ordre les lettres composant le nom de ce personnage célèbre.

LÉON JAUVEN
ARCHITECTE

I.M.A - PHILARMONIE - MUSÉE DU QUAI BRANLY
FONDATION CARTIER
PARIS

26
SEPTEMBRE

7 h 42 19 h 41

St Côme, St Damien

JEAN NOUVEL

Trouvez au moins **30 mots** dont les lettres se suivent dans le même ordre que dans le mot ci-dessous.
(3 lettres minimum)

GENTILHOMMIERE

27
SEPTEMBRE

7 h 44 19 h 39

St Vincent de Paul

GENTIL - HOMME - NIER - GÊNE
GÊNER - GOMME - GENT - GORE
ENTIER - ENTIÈRE - ENTER - ÉLIRE
LIRE - ÉMIR - ÉMIER - TOME
TOMME - TOI - TIRE - LIER - LOI - LIRE
HOME - ÎLE - ENTRE - HÈRE - NOMME
NOMMER - ENTIER - ENTIÈRE
GNOME - GEMME - GEL - GELER - HIER
ÈRE - GÉNIE - GÉNOME - LOIR
NOIRE - GÉMIR - GLOME - GLOIRE

Cherchez l'intrus.

28

SEPTEMBRE

7 h 45 19 h 37

St Venceslas

Trouvez l'outil qui se cache dans ce dingbat.

PERC
EUSE

PERCEUSE BLACK ET DECKER

Perceuse black et d'équerre

Modifiez une **lettre** à

BAGUE

pour en former 4 autres.

30

SEPTEMBRE

7 h 48 19 h 32

St Jérôme

BOGUE
BAGNE
DAGUE
VAGUE

Partagez ce carré en 4 zones égales
avec le même assortiment de fruits.

1er
OCTOBRE

☀ 7 h 49 ☀ 19 h 30

Ste Thérèse de l'Enfant Jésus

Quel est ce chiffre ?

AUGMENTÉ DE MON DOUBLE JE SUIS ÉGAL À MOI-MÊME AU CARRÉ.

2

OCTOBRE

7 h 51 19 h 28

St Léger

3

3 + 6 = 9

3 x 3 = 9

Placez des chiffres tous différents, pour obtenir 19 aux centres.

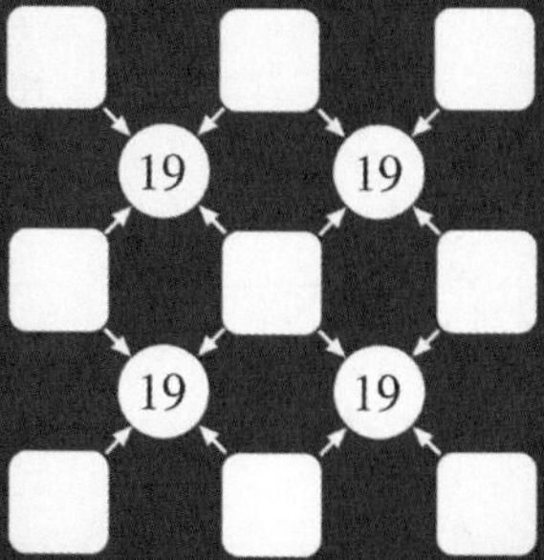

3

OCTOBRE

7 h 52 19 h 26

St Gérard

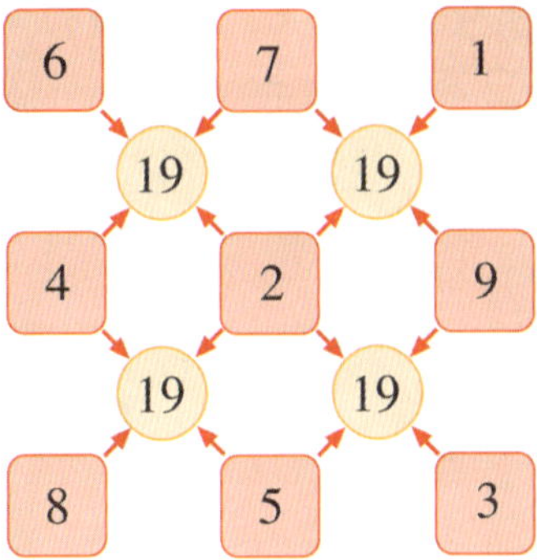
6
7
1
19
19
4
2
9
19
19
8
5
3

Retrouvez le **poids**
de chaque sac.

4
OCTOBRE

7 h 54 19 h 24

St François d'Assise

10 Kg
5Kg
3Kg
2Kg

En ne changeant qu'une seule lettre de **BÂCHE**, trouvez 7 autres mots.

5
OCTOBRE

☀ 7 h 55 ☀ 19 h 22

Ste Fleur

TACHE
VACHE
CACHE
LACHE
HACHE
BICHE
BÛCHE

Horizontal ET vertical

	1	2	3	4	5
1					
2					
3					
4					
5					

1 - Vacarme
2 - Soviétique
3 - Ordinaire
4 - Rivière alpine
5 - Postes de salon

6
OCTOBRE

7 h 57 19 h 20

St Bruno

	1	2	3	4	5
1	B	R	U	I	T
2	R	U	S	S	E
3	U	S	U	E	L
4	I	S	E	R	E
5	T	E	L	E	S

Trouvez l'expression qui se cache dans ce dingbat.

VALET
ROI
REINE
AS

7
OCTOBRE

☀ 7 h 58 ☀ 19 h 18

St Serge

Brouiller les cartes

VRAI ou FAUX?

Le canal de Panama, qui traverse le Panama d'est en ouest, est le plus long du monde.

8

OCTOBRE

☀ 8 h 00 ☀ 19 h 16

Ste Pélagie

Faux

Dans l'ordre :

- Le Grand Canal de Chine: 1997 km
- Le canal de Suez: 193 km
- Le canal de Panama: 77 km

Placez des chiffres tous différents pour obtenir 12 sur chaque flèche.

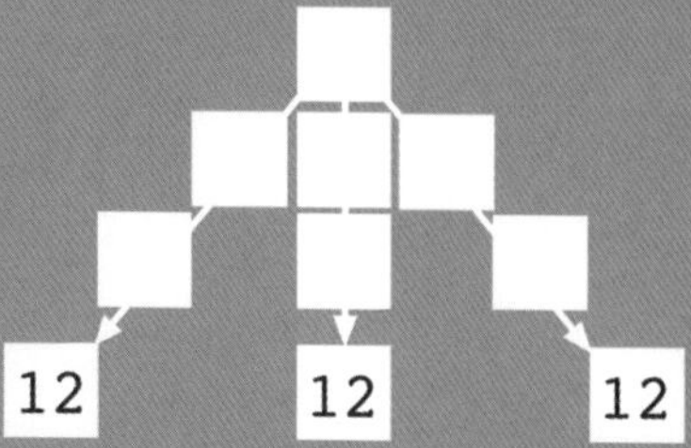

9

OCTOBRE

8 h 01 19 h 14

St Denis

2

3 9 4

7 1 6

12 12 12

Remplacez les lettres par des chiffres
pour résoudre cette addition.

```
  SUCRE
+ SUCRE
-------
= CARIE
```

10
OCTOBRE
☀ 8 h 03 ☀ 19 h 12
St Hugo

16370
16370

32740

Complétez ces **mots** avec leurs voyelles.

V_R_F__R
C_R_B_N_
_X_RC_C_
D_M_N_G_R
T_L_V_S__N

11
OCTOBRE

☀ 8 h 04 ☀ 19 h 10

St Firmin

VÉRIFIER
CARABINE
EXERCICE
DÉMÉNAGER
TÉLÉVISION

Trouvez au moins
10 expresssions avec :

LOUP

12
OCTOBRE

8 h 06 19 h 08

St Wilfried

Quand on parle du loup,
on en voit la queue.
Connu comme
le loup blanc.
Une faim de loup
Un jeune loup
Faire entrer le loup dans
la bergerie.
Entre chien et loup
Marcher à pas de loup.
Un loup de mer
Hurler avec les loups.
Se jeter dans la gueule
du loup.
Les loups ne se mangent
pas entre eux.

Modifiez une seule **lettre** par ligne pour passer de **FEMME** à **AORTE**.

F	E	M	M	E
A	O	R	T	E

13

OCTOBRE

☀ 8 h 07 ☀ 19 h 06

St Géraud

FEMME
FERME
FORME
FORTE
AORTE

Retrouvez les **deux carrés** identiques.

14

OCTOBRE

☀ 8 h 09 ☀ 19 h 04

St Céleste

Quels sont les
contraires
de ces mots ?

ADRET
LEVANT
NOCTURNE
AUBE
SÉRÉNADE

ADRET - UBAC
LEVANT - PONANT
NOCTURNE - DIURNE
AUBE - CRÉPUSCULE
SÉRÉNADE - AUBADE

Reconnaissez-vous ces feuilles?

Frêne, tulipier, tilleul, chêne, noyer, aubépine, saule, charme, marronnier, platane.

16

OCTOBRE

☀ 8 h 12 ☀ 19 h 00

Ste Edwige

1 - Aubépine
2 - Charme
3 - Tilleul
4 - Chêne
5 - Platane
6 - Saule
7 - Tulipier
8 - Noyer
9 - Marronnier
10 - Frêne

Déplacez une **allumette** pour rétablir l'égalité.

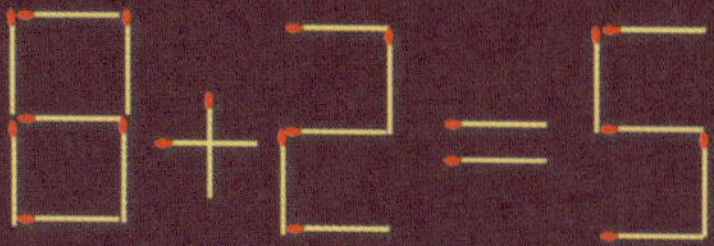

17

OCTOBRE

8 h 13 18 h 58

St Baudouin

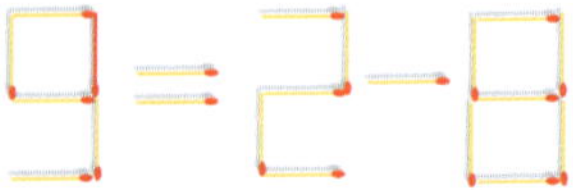
9=2-8

Placez les chiffres

1 2 3 4 6 7 8 9

de telle sorte que :

1 soit à gauche de 2 et au-dessus de 3,
9 soit au-dessus de 6 et à droite de 2,
7 soit en dessous de 3 et à gauche de 8,
4 soit en dessous de 6 et à droite de 8.

	5	

18

OCTOBRE

8 h 15 18 h 56

St Luc

1	2	9
3	5	6
7	8	4

Modifiez une seule lettre par ligne pour passer de RIRE à HAIE.

R	I	R	E
H	A	I	E

19

OCTOBRE

☀ 8 h 16 ☀ 18 h 54

St René

RIRE
RARE
RATE
HÂTE
HAIE

Il manque une même syllabe au début de ces mots.

TENT

SEIL

TACT

20

OCTOBRE

8 h 18 18 h 52

Ste Adeline

CONtent
CONseil
CONtact

En assemblant ces étiquettes, trouver au moins

6 mots.

BOU	PER
DRE	COU
MOU	CHE

21

OCTOBRE

8 h 20 — 18 h 50

Ste Céline

BOUCHE
MOUCHE
COUCHE
COUPER
COUDRE
MOUDRE
PERDRE
PERCHE

Placez des chiffres, tous différents,
pour résoudre cette addition.

+					
	9	9	9	9	9

22
OCTOBRE

8 h 21 — 18 h 48

Ste Élodie

$$
\begin{array}{r}
98765 \\
+\ \ 1234 \\
\hline
99999
\end{array}
$$

Associez des étiquettes pour former le nom de

5 pays.

23
OCTOBRE

8 h 23 18 h 47

St Jean de Capistran

SÉNÉGAL
CROATIE
BOLIVIE
MONTÉNÉGRO
ARGENTINE

Complétez ces

opérations.

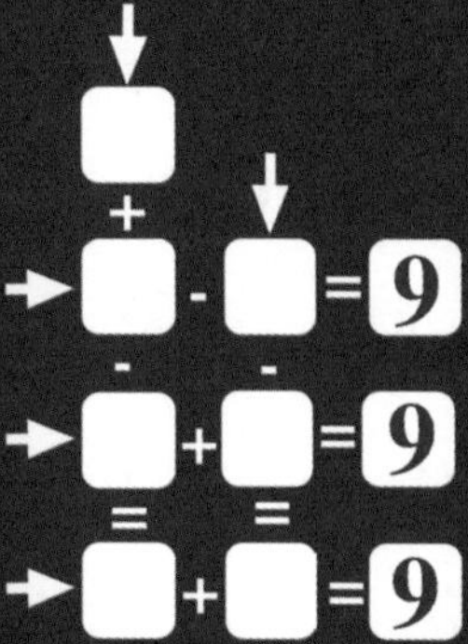

24

OCTOBRE

8 h 24 18 h 45

St Florentin

7				
+				
10	-	1	=	9
-		-		
8	+	1	=	9
=		=		
9	+	0	=	9

Trouvez
l'expression
qui se cache
dans ce dingbat.

11= suée

25
OCTOBRE

8 h 26 18 h 43

St Crépin

On s'fait suer !

Onze fait suée.

Complétez pour former des **mots** dans le sens des flèches.

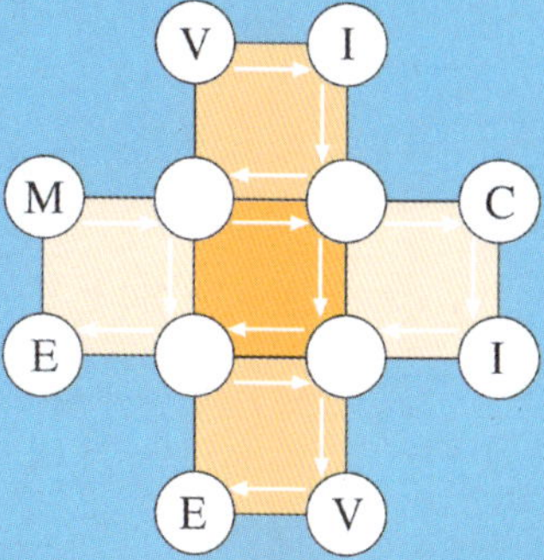

26
OCTOBRE

☀ 7 h 27 ☀ 17 h 41

St Dimitri

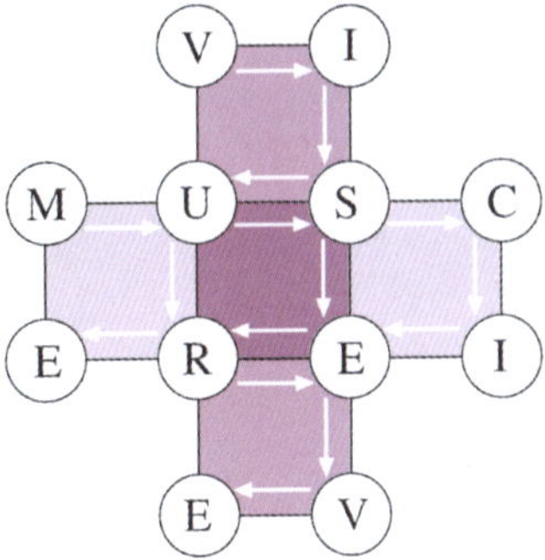
V
I
M
U
S
C
E
R
E
I
E
V

Quelle est la suite logique de chiffres ?

DEUX	TROIS	QUATRE	CINQ	SIX
4	5	6	?	?

27

OCTOBRE

7 h 29 17 h 39

Ste Émeline

UN	DEUX	TROIS	QUATRE	CINQ	SIX
②	④	⑤	⑥	④	③

C’est le nombre de lettres de chaque mot.

Les **lettres** de leur **nom** sont les mêmes que celles de grands chanteurs aujourd'hui disparus:

ROLAND COUAUEG
JULES BERCAQ
ROGER NESBSSAGES

28
OCTOBRE

☀ 7 h 30 ☀ 17 h 38

St Jude, St Simon

ROLAND COUAUEG
Claude Nougaro

JULES BERCAQ
Jacques Brel

ROGER NESBSSAGES
Georges Brassens

Décryptez ce

message.

Jeu tas trendre haie prêt du *CHAT* tôt an Thé. Le *TREIZE* hors haie cas chez dent lache heu *minet* du DON jonc. **Jeu** sœur *haie* as **hisse** heure dent mont **cas** brie **haut** lait VERRE.
Fée *treize* attend scion ile petit à voir dêpot lit scié ose allant tour.

29

OCTOBRE

☀ 7 h 32 ☀ 17 h 36

St Narcisse

Il est en phonétique :

Je t'attendrai près
du château hanté.
Le trésor est caché
dans la cheminée du
donjon. Je serai à 6h
dans mon cabriolet
vert. Fais très attention
il peut y avoir
des policiers aux
alentours.

Trouvez au moins

40 mots en utilisant des lettres mitoyennes en vertical, horizontal ou en diagonal. (3 lettres minimum)

J	E	I	U
U	A	R	T
N	R	S	A
C	E	Y	M

30
OCTOBRE

7 h 34 17 h 34

Ste Bienvenue

JEAN - JURÉS - JURAS
JURAIT JURAI - JASER
JARRES - RASE - RASER
CRAN - CRÂNE - ÉCRAN
TIR - TIRÉ - TIRAS - MARE
MARRES - MARRAIT - MARI
MARIE - MARIAS - MARIEUR
CRAIE - RAIE - SAIE - URE
MAT - MATIE - MAS - AYS
RAYES - RAYER - RAYERAIT
SARI - UNE - SEC -CES -
ARES - RARES - RIAS - IRAS
ERRAI - ERRAS - SERRAIT
SERRÉ - RÉAIT - RAIT - TRIÉ
TRIAS - RUERAIT - NUER
ÂNES - ÉCRUE - RESTA
ÂTRE - ARAS - TARAI -MYES
CERNAIT

Les règles sont les mêmes que pour le **sudoku** avec les lettres du mot

COMPAGNIE.

			A		G		C	P
	P			M	I	E		
A		M		P			O	
I			N			A		G
			E		A			
G		O			M			E
	E			A		N		O
		A	G	O			E	
O	N		M		P			

31

OCTOBRE

7 h 35 17 h 32

St Quentin • Halloween

E	O	I	A	N	G	M	C	P
C	P	N	O	M	I	E	G	A
A	G	M	C	P	E	I	O	N
I	M	E	N	C	O	A	P	G
N	C	P	E	G	A	O	I	M
G	A	O	P	I	M	C	N	E
P	E	G	I	A	C	N	M	O
M	I	A	G	O	N	P	E	C
O	N	C	M	E	P	G	A	I

Décryptez ce
message.

BuRneAVOusVOicUSe
AraViEZ TiROnUrVÉz

1er

NOVEMBRE

☀ 7 h 37 ☀ 17 h 31

Toussaint

BRAVO VOUS AVEZ
TROUVÉ
Ne lire que les
majuscules.

Trouvez au moins **30 mots** dont les lettres se suivent dans le même ordre que dans le mot ci-dessous.
(3 lettres minimum)

CHARBONNETTE

BON TÉ

2
NOVEMBRE

☀ 7 h 38 ☀ 17 h 29

Défunts

BONTÉ - CHAR - CHARBON
CHARTE - BONNE - BONNET
CARBONE - CAB - CHANTE
CHANT - CRÉE - CARNET
BON - CON - CONTE - ROT
ROTE - HÔTE - HOTTE
HONNÊTE - HANTE - HÂTE
CRÊTE - NETTE - BETTE - RÉE
CETTE - CAR - CARNE - CARTE
ABONNE - ANNÉE - ÂNE - ART
ARE - BOTTE - CÔTE
COTTE - BON

Les règles sont les mêmes que pour le **sudoku** avec les lettres du mot **MOUSTACHE**.

		M				C		
	U				O		A	E
		C			S	U	H	
T			C	S				
	M	A			H			
M			S	A			T	O
U				O		E		S
				H		A		

3

NOVEMBRE

☀ 7 h 40 ☀ 17 h 28

St Hubert

A	S	M	H	U	E	C	O	T
H	U	T	M	C	O	S	A	E
O	E	C	A	T	S	U	H	M
E	H	S	U	M	T	O	C	A
T	O	U	C	S	A	M	E	H
C	M	A	O	E	H	T	S	U
M	C	E	S	A	U	H	T	O
U	A	H	T	O	C	E	M	S
S	T	O	E	H	M	A	U	C

Complétez la **grille**

pour obtenir 3 mots verticalement et horizontalement.

A		C		E
C		I		E
N		N		E

4

NOVEMBRE

☀ 7 h 42 ☀ 17 h 26

St Charles

A	R	C	H	E
U		H		L
C	R	I	S	E
U		E		V
N	O	N	N	E

Utilisez 2 lettres qui se suivent dans chaque mot pour retrouver une ville française.

BOULE
RENARD
VEAU
DEUX

5

NOVEMBRE

7 h 43 17 h 24

Ste Sylvie

BOULE
RENA**RD**
V**EA**U
DE**UX**

BORDEAUX

Trouvez le verbe
qui se cache dans ce dingbat.

10 x ÊTRE

6

NOVEMBRE

7 h 45 17 h 23

St Léonard

DISPARAÎTRE

10 par être

Trouvez les 2 poires identiques.

7

NOVEMBRE

☀ 7 h 46 ☀ 17 h 21

Ste Karine

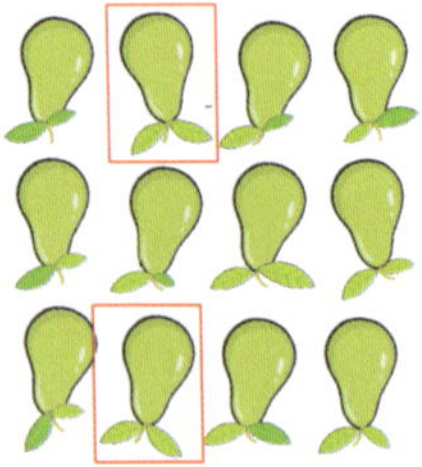

Quelles **villes** **se cachent** dans ces définitions ?

Élan du nord
Cantine
Aïe!

8

NOVEMBRE

7 h 48 17 h 20

St Geoffroy

RENNES
METZ
HOUILLES

Complétez ces **mots**
avec leurs voyelles.

C _ V _ L C _ D _
L _ B _ R _ T _ _ R _
R _ V _ LV _ R
D _ V _ N _ R
R _ C _ TT _

9
NOVEMBRE

7 h 50 17 h 19

St Théodore

CAVALCADE
LABORATOIRE
REVOLVER
DEVINER
RECETTE

En modifiant l'ordre des lettres du nom et du prénom de ces garçons, retrouvez leur région d'origine.

Simon Ilu
René Gavu
René Bagt

10
NOVEMBRE

7 h 51 17 h 17

St Léon

LIMOUSIN
AUVERGNE
BRETAGNE

Placez les **syllabes** pour former trois mots.

ERE - GAL - INE - CHA

VAL - CHE - ISE - PIO

11 NOVEMBRE

7 h 53 — 17 h 16

Armistice 1918

CHA
INE
GAL
ERE

PIO
CHE
VAL
ISE

Complétez avec des chiffres, tous différents, pour obtenir 15 sur les lignes, les colonnes et les diagonales.

			=15
	5		=15
			=15
=15	=15	=15	

12

NOVEMBRE

7 h 54 17 h 15

St Christian

6	1	8	=15
7	5	3	=15
2	9	4	=15
=15	=15	=15	

Quelles **couleurs** viennent logiquement dans les carrés blancs?

13

NOVEMBRE

7 h 56 17 h 13

St Brice

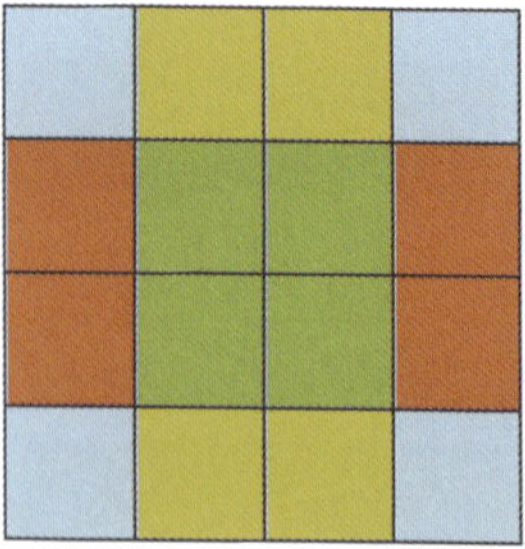

Reliez ces **boissons** à leur **région** d'origine.

LE VOUVRAY•
L'ARBOIS•
LE SAINT-CHINIAN•
LE MARCILLAC•
LE BEAUMES DE VENISE•
LE BUZET•

•MIDI-PYRÉNÉES
•AQUITAINE
•FRANCHE-COMTÉ
•CENTRE-VAL-DE-LOIRE
•PROVENCE-CÔTE D'AZUR
•LANGUEDOC-ROUSSILLON

14
NOVEMBRE

7 h 57 17 h 12

St Sidoine

LE VOUVRAY - CENTRE-VAL-DE-LOIRE

L'ARBOIS - FRANCHE-COMTÉ

LE SAINT-CHINIAN - LANGUEDOC-ROUSSILLON

LE MARCILLAC - MIDI-PYRÉNÉES

LE BEAUMES DE VENISE - PROVENCE-CÔTE D'AZUR

LE BUZET - AQUITAINE

Louis XVI
est enterré :

- Aux Invalides?
- À Notre-Dame de Paris?
- À la basilique Saint-Denis?
- Au Panthéon?
- Ses restes ont été disséminés?

À la basilique Saint-Denis

Complétez la grille à l'aide des définitions, sachant qu'une seule lettre est enlevée à la ligne précédente.

C'est un foutoir !
Morceau
Je le fais sous la douche
Plante aromatique
Précipitation
Vert ou dansant ?
Interjection
Série hospitalière

C	H	A	N	T	I	E	R
T	R	A	N	C	H	E	
C	H	A	N	T	E		
A	N	E	T	H			
H	Â	T	E				
T	H	É					
E	H						
H							

La même **syllabe**
termine le premier mot et commence le second.

CAL → ○○○ → ASSE

AUTO → ○○○○ → RIEL

MINA → ○○○ → INE

17

NOVEMBRE

☀ 8 h 02 ☀ 17 h 08

Ste Élisabeth

CAL - CUL - ASSE
AUTO - MATE - RIEL
MINA - RET - INE

Quelle expression se cache dans ce dingbat?

PORTE

18

NOVEMBRE

8 h 04 17 h 07

Ste Aude

Mettre la clé
sous la porte.

Reliez les cases identiques sans croiser le tracé.

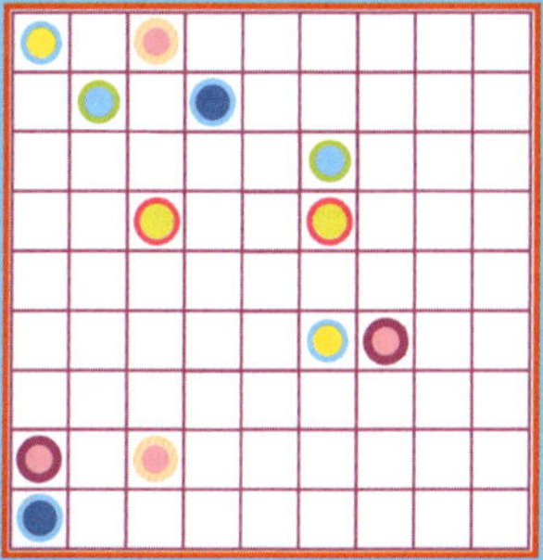

19

NOVEMBRE

8 h 05 17 h 06

St Tanguy

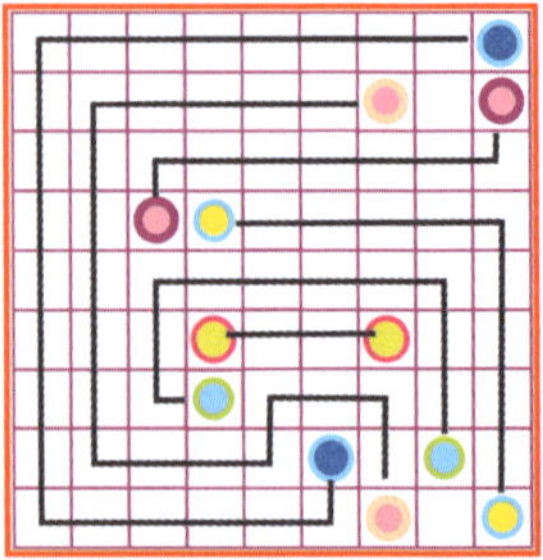

Combien de flacons de parfum sont **en** double?

20

NOVEMBRE

8 h 07 17 h 05

St Edmond

Trouvez 6 mots qui ont **R**, **A**, et **I** en commun.

	R	A	I	
	R	A	I	
	R	A	I	
	R	A	I	
	R	A	I	
	R	A	I	

21

NOVEMBRE

8 h 08 17 h 04

Présentation de la Vierge Marie

CRAIE
TRAIT
TRAIN
DRAIN
GRAIN
FRAIS

Ajoutez une lettre
à ces 3 mots pour en trouver 2 autres pour chacun.

PAIN
SORT
ROC

22
NOVEMBRE

8 h 10 17 h 03

Ste Cécile

PATIN - PAÏEN
SPORT - SORTE
TROC - BROC - CROC

DÉPÔT
CARTE
SĄUGE
LÉGAL

PORTUGAL

Placez des nombres tous différents, pour obtenir 90 verticalement et horizontalement.

24

NOVEMBRE

8 h 13 17 h 01

Ste Flora

$$\begin{array}{r} 45 \times 2 = 90 \\ +\ 30 \times 3 = 90 \\ +\ 15 \times 6 = 90 \\ \hline 90 \end{array}$$

Horizontal ET vertical

	1	2	3	4	5	6
1						
2					■	
3						
4						
5		■				
6						

1 - Monnaie
2 - Chemin de fer
3 - Vêtements de sauvetage
4 - Écoliers
5 - Sur le cou
6 - Compresser

25
NOVEMBRE

8h14 17h01

Ste Catherine

	1	2	3	4	5	6
1	A	R	G	E	N	T
2	R	A	I	L	■	A
3	G	I	L	E	T	S
4	E	L	E	V	E	S
5	N	■	T	E	T	E
6	T	A	S	S	E	R

Trouvez les **mots.**

Une même couleur
représente une même lettre.

26

NOVEMBRE

8 h 15 17 h 00

Ste Delphine

CONCERT
CONCRET
CONCEPT

Leur nom utilise les mêmes lettres que celles de comédiennes:

ALINE HABAYET
ANNE KRIBIJ
IRENE THARCOTF

27

NOVEMBRE

8 h 17 16 h 59

St Virgile

ALINE HABAYET
NATHALIE BAYE

ANNE KRIBIJ
JANE BIRKIN

IRENE THARCOTF
CATHERINE FROT

Trouvez au moins **30 mots** dont les lettres se suivent dans le même ordre que dans le mot ci-dessous.
(3 lettres minimum)

VERROUILLAGE

E R R   E

28

NOVEMBRE

8 h 18 16 h 58

St Jacques de la Marche

VERRE - ERRE - VEILLE - ROUILLE
ÂGE - VILLE - VILLAGE - VILE
VOL - VOLE - VOILE - VOILAGE
VERROU - VEILLE - VRILLE
VOILÀ - RAGE - RÔLE - ROULE
ÎLE - VOLAGE - OUI - ROUI
RUE - OUILLE - ELLE - VÊLE - RIA
VILLA - VIA - VUE - VER - RIE
ROUGE - ROUAGE

Modifiez une lettre à

COTE

pour en former 6 autres.

29

NOVEMBRE

8 h 19 16 h 58

St Saturnin

CITE
CODE
NOTE
VOTE
CONE
POTE

Complétez
pour obtenir **16** sur
la flèche et le carré.

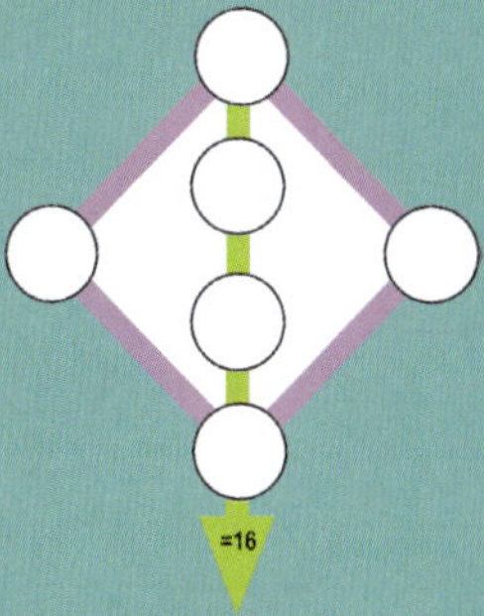

30
NOVEMBRE

8 h 21 16 h 57

St André

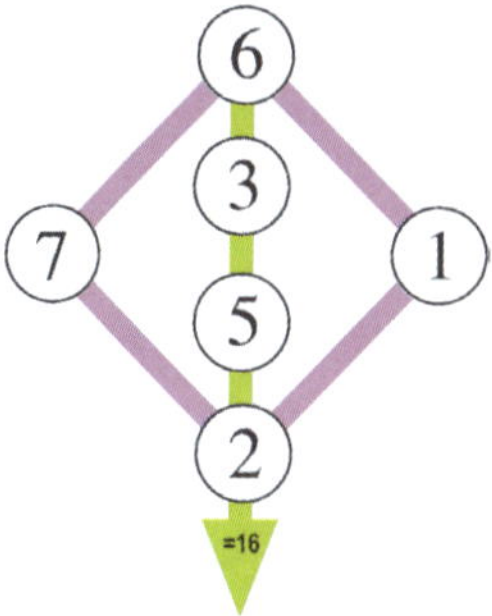
6
3
7
1
5
2
=16

Trouvez au moins **30 mots** dont les lettres se suivent dans le même ordre que dans le mot ci-dessous.
(3 lettres minimum)

ÉPISTOLAIRE

Exemple :

É T I R E

1er
DÉCEMBRE

8 h 22 16 h 57

Ste Florence, St Éloi

ÉPI - ÉPÎTRE - ÉPIE - PISTE
PISE - PITRE - PÔLE
POIRE - TÔLE - POLAIRE
SOLAIRE - TIRE - TARE
TAIE - TAIRE - PAIR - PAIRE
PILE - PLAIRE - PLAIE
SOL - SOLE - PARE - PIRE
PLIE - LAIE - STAR
PAIE - PORE - STORE - SIR
SIRE - PAR - TOI - SOIE
SOIR - EST - PISTOLE
ÉTAI - ÉTOLE - ÉTIRE - AIR
AIRE - POLIE - POLIR

Utilisez 2 lettres
qui se suivent dans chaque mot pour retrouver une ville française.

CORPS
ANCIEN
ART
CONE
AUTO

2

DÉCEMBRE

☀ 8 h 23 ☀ 16 h 56

Ste Viviane

CORPS
ANCIEN
ART
CONE
AUTO

CONCARNEAU

Passez de **FORET** à **MULOT** en changeant une seule lettre à chaque ligne.

F	O	R	E	T
M	U	L	O	T

3

DÉCEMBRE

☀ 8 h 25 ☀ 16 h 56

St François-Xavier

F	O	R	E	T
F	U	R	E	T
M	U	R	E	T
M	U	L	E	T
M	U	L	O	T

Trouvez l'expression

qui se cache dans ce dingbat.

thon

sardine truite

4

DÉCEMBRE

8 h 26 16 h 55

Ste Barbara, Ste Barbe

Hausser le ton.

Trouvez le chemin le plus court.

5

DÉCEMBRE

8 h 27 16 h 55

St Gérald

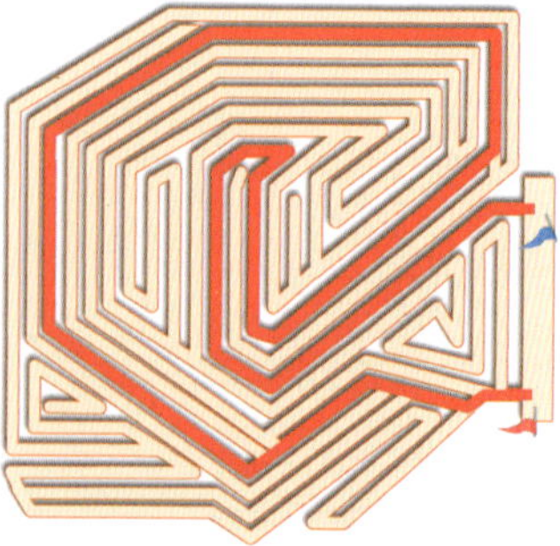

En utilisant deux lettres consécutives de chaque mot, retrouvez un pays.

DÉPÔT
CARTE
SAUGE
LÉGAL

23
NOVEMBRE

8 h 11 17 h 02

St Clément

Placez des chiffres tous différents, pour obtenir 120 verticalement et horizontalement.

6

DÉCEMBRE

8 h 28 16 h 55

St Nicolas

$$\begin{array}{r} 60 \times 2 = 120 \\ +\ 40 \times 3 = 120 \\ \underline{+\ 20} \times 6 = 120 \\ 120 \end{array}$$

Les règles sont les mêmes
que pour le **sudoku**
avec les lettres du mot
SALICORNE.

R			N		L			E
N	L			A			C	
	E				S	N	L	A
I						L	N	
	O						E	
	C	L						S
C	I	O	A				R	
	N			E			S	I
L			R		C			N

7
DÉCEMBRE

8 h 29 16 h 54

St Ambroise

R	A	C	N	O	L	S	I	E
N	L	S	E	A	I	O	C	R
O	E	I	C	R	S	N	L	A
I	R	A	S	C	E	L	N	O
S	O	N	I	L	A	R	E	C
E	C	L	O	N	R	I	A	S
C	I	O	A	S	N	E	R	L
A	N	R	L	E	O	C	S	I
L	S	E	R	I	C	A	O	N

Retrouvez le nom d'animateurs de télévision qui utilisent les mêmes lettres que ces personnes:

ERNEST PHEBAN
HENRI DRYTAROSIS
RENE TRULQUIRAU

8
DÉCEMBRE
8 h 30 16 h 54
Immaculée Conception

STÉPHANE BERN
THIERRY ARDISSON
LAURENT RUQUIER

Reliez les carrés

d'une même couleur
sans croiser le tracé.

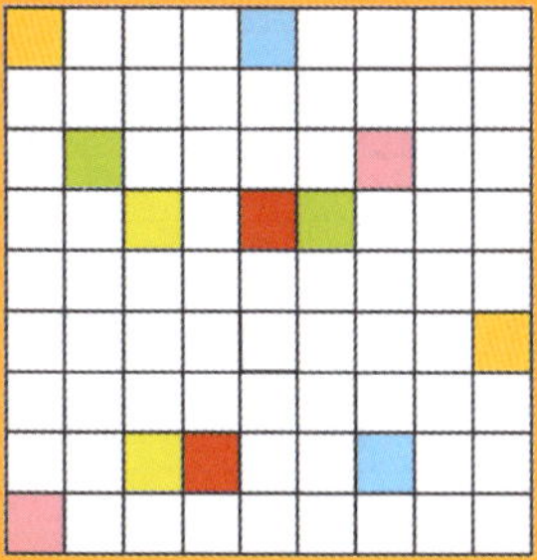

9

DÉCEMBRE

8 h 32 16 h 54

St Pierre Fourier

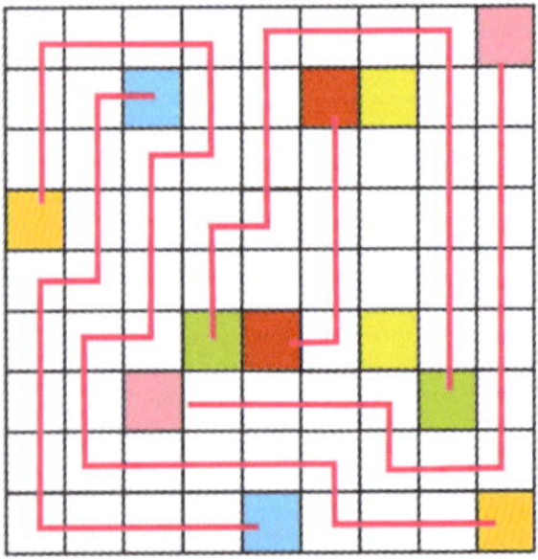

Retrouvez
les **3 oiseaux**
identiques.

10
DÉCEMBRE

☀ 8 h 33 ☀ 16 h 54

Ste Eulalie

L'Assemblée Nationale siège:

- Au Palais Brongniart
- Au Palais Garnier
- Au Palais Bourbon
- Au Palais du Luxembourg
- Au Palais des Congrès

11

DÉCEMBRE

8 h 34 16 h 54

St Arthur, St Daniel

Palais Bourbon.

Il manque une même syllabe à la fin de ces mots.

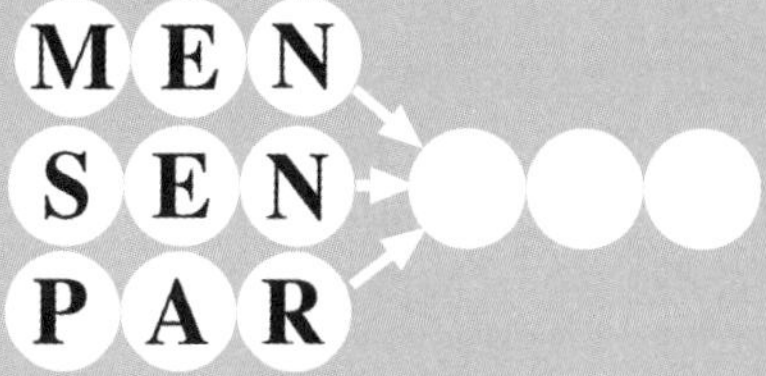

12

DÉCEMBRE

☀ 8 h 34 ☀ 16 h 54

St Corentin

MenTIR
ParTIR
SenTIR

Quel **chiffre** se place logiquement sur la forme verte?

13

DÉCEMBRE

8 h 35 16 h 54

Ste Lucie

6

C'est le nombre de côtés des formes.

Pouvez-vous **décrypter** ce **message?**

OrHCuOrMaBIcEN
DEsMAsuRatINS
CurOiMBoIcENDE
CrAPalITAnINtES...

14

DÉCEMBRE

☀ 8 h 36 ☀ 16 h 54

Ste Odile

OH! COMBIEN DE
MARINS
COMBIEN DE
CAPITAINES...

Supprimez les lettres
minuscules.

Ajoutez une **lettre** à chaque ligne pour passer de **PI** à **PIÉTON**.

P	I				
P	I	E	T	O	N

15

DÉCEMBRE

☀ 8 h 37 🌅 16 h 54

Ste Ninon

PI

PIN

PION

PITON

PIETON

Trouvez les deux
colonnes identiques.

16
DÉCEMBRE

8 h 38 16 h 54

Ste Alice

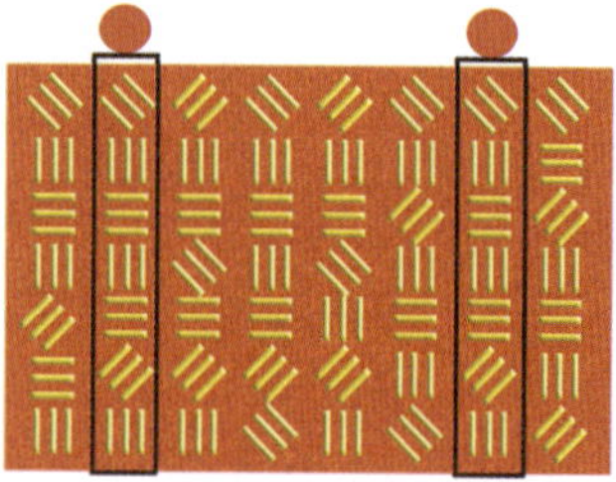

A l'aide des définitions, **complétez ce carré** qui se lit à l'horizontale et à la verticale.

	1	2	3	4	5
1					
2					
3					
4					
5					

1 - Ville bretonne

2 - Revenu

3 - On le prend pour voler

4 - Pierre anglaise

5 - Écrans

17

DÉCEMBRE

8 h 39 16 h 54

St Gaël

B	R	E	S	T
R	E	N	T	E
E	N	V	O	L
S	T	O	N	E
T	E	L	E	S

FALUCHE n. f.

Gâteau auvergnat
à base de farine de maïs

Sorte de béret
que portaient les étudiants

Genre de papavéracée

qui croît sur les vieux murs

Plante bisannuelle à graines
oléagineuses

18

DÉCEMBRE

8 h 39 16 h 55

St Gatien

Sorte de béret
que portaient les
étudiants

Retrouvez les départements cachés dans ces anagrammes.

Sucrée Tranchée Raille

Vérine Dîner

Orteil Urée Moelles

Mômes Anisé Musée

19

DÉCEMBRE

☀ 8 h 40 ☀ 16 h 55

St Urbain

Sucrée : Creuse
Tranchée : Charente
Raille : Allier
Vérine: Nièvre
Dîner : Indre
Orteil : Loiret
Urée : Eure
Moelles : Moselle
Mômes : Somme
Musée : Meuse
Anisé : Aisne

Retrouvez les **mots.**

Une même couleur représente une même lettre.

B						Taguer
N						Citer
N						Quantité
P						Ennuyer
R						Couper
T						Choir

20

DÉCEMBRE

8 h 41 16 h 56

St Isaac

BOMBER
NOMMER
NOMBRE
POMPER
ROMPRE
TOMBER

Cette pyramide est un monument?

Inca / Aztèque
Olmèque / Maya
Toltèque

21
DÉCEMBRE

☀ 8 h 41 ☀ 16 h 56

Hiver • St Pierre Canisius

Pyramide maya de
Chichén Itzá
au Mexique.

Il manque une **même syllabe** au début de ces mots.

Ex: Pour SOIRE - SIF - TEL, ajoutez PAS

TYR - TINE - TIEN
TEGE - RIGE - DAGE
CIER - TIE - BET

22

DÉCEMBRE

8 h 42 16 h 56

Ste Françoise-Xavière

MARtyr - MARtine -
MARtien
CORtège - CORrigé -
CORdage
SORcier - SORtie -
SORbet

Complétez la grille
à l'aide des définitions, sachant qu'une seule lettre est enlevée à la ligne précédente.

- La bile, par exemple
- Au carrefour
- Régime sain
- Mesurer
- En magasin
- Son araignée donne de l'espoir
- Bibi
- Note
- Consonne

23

DÉCEMBRE

8 h 42 16 h 57

St Armand

S	E	C	R	E	T	I	O	N
C	R	O	I	S	E	N	T	
C	R	E	T	O	I	S		
T	O	I	S	E	R			
S	O	R	T	I				
S	O	I	R					
S	O	I						
S	I							
S								

Placez des chiffres tous différents pour obtenir 14 sur chaque ligne.

24

DÉCEMBRE

8 h 43 16 h 58

Ste Adèle

1

5 9 7

8 4 6

14 14 14

Les règles sont les mêmes que pour le **sudoku** avec les lettres du mot **PARCHEMIN**.

C		N					I	H
			N	P				E
A	M	E		C				P
			I				P	R
H		P	R		C	E		A
E	A				N			
P				I		R	M	N
M				R	H			
E	R					H		C

25

DÉCEMBRE

8 h 43 16 h 58

Noël

C	P	N	E	A	R	M	I	H
I	H	R	N	P	M	A	C	E
A	M	E	H	C	I	N	R	P
N	E	M	I	H	A	C	P	R
H	I	P	R	M	C	E	N	A
E	A	C	P	E	N	I	H	M
P	C	H	A	I	E	R	M	N
M	N	A	C	R	H	P	E	I
E	R	I	M	N	P	H	A	C

En ne changeant
qu'une seule lettre de
RETARD,
trouvez 3 autres mots.

26
DÉCEMBRE

☀ 8 h 43 ☀ 16 h 59

St Étienne

RENARD
PETARD
TETARD

Horizontal ET vertical

	1	2	3	4	5
1					
2					
3					
4					
5					

1 - Bidon

2 - Type de chiffre

3 - Pagaies

4 - Espagnol

5 - Désavantager

27

DÉCEMBRE

8 h 44 17 h 00

St Jean

	1	2	3	4	5
1	B	A	R	I	L
2	A	R	A	B	E
3	R	A	M	E	S
4	I	B	E	R	E
5	L	E	S	E	R

Trouvez les **mots** qui ont **A** en commun.

Une même couleur représente une même lettre.

28

DÉCEMBRE

8 h 44 17 h 00

Sts Innocents

CALICE
MALICE
VARICE

Complétez pour former des **mots** dans le sens des flèches.

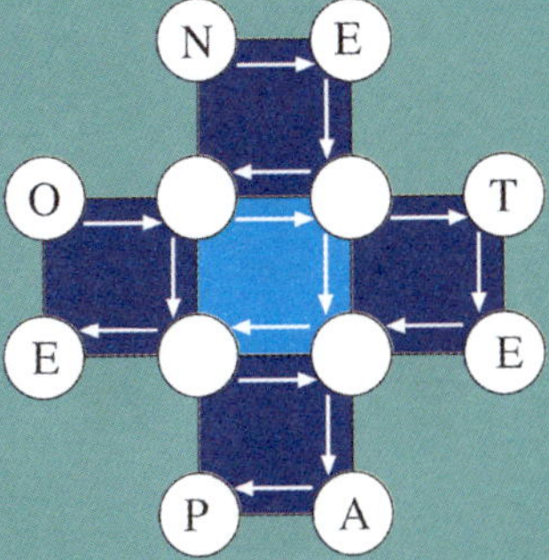

29
DÉCEMBRE

8 h 44 17 h 01

St David

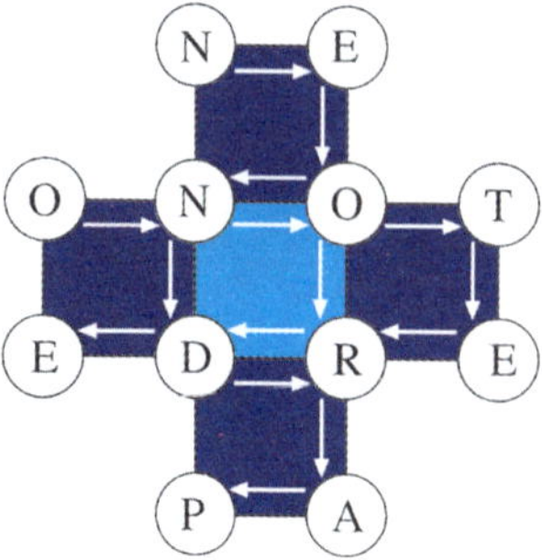
N
E
O
N
O
T
E
D
R
E
P
A

Mots enchaînés

Complétez de façon à ce que la **syllabe** qui termine le premier mot corresponde à celle commençant le second etc...

RAN → ☐☐☐ → ANT

30

DÉCEMBRE

8 h 44 — 17 h 02

St Roger

RAN
GER
ANT

En mélangeant les lettres des deux mots, trouvez des **professions**:

CIREUR + CHAT = ...

CRÉTIN + PHARE = ...

TRUITE + REIN = ...

31
DÉCEMBRE

☀ 8 h 44 ☀ 17 h 03

St Sylvestre

CIREUR + CHAT =
CHARCUTIER

CRÉTIN + PHARE =
CHARPENTIER

TRUITE + REIN =
TEINTURIER